# 马力欧
## 视觉艺术史

[英]未来出版社 编著　陆籽仰 译

人民邮电出版社

北 京

**图书在版编目（CIP）数据**

马力欧视觉艺术史 / 英国未来出版社编著 ; 陆籽仰
译. — 北京 : 人民邮电出版社, 2024.5
ISBN 978-7-115-63759-8

Ⅰ. ①马… Ⅱ. ①英… ②陆… Ⅲ. ①电子游戏—历
史—日本 Ⅳ. ①G898.3

中国国家版本馆CIP数据核字 (2024) 第046884号

## 版 权 声 明

F U T U R E

## 内 容 提 要

从《超级马力欧兄弟》到《超级马力欧：奥德赛》，本书回顾了任天堂创造的知名游戏角
色马力欧从诞生至今的精彩旅程。本书内含一系列专题访谈和短篇文章，带领读者了解马力
欧游戏系列发展史和幕后故事，以及除了马力欧平台跳跃游戏以外的其他冒险。即使你不像
我们一样是马力欧的忠实粉丝，也不能否认他对游戏行业产生了难以置信的影响。希望你喜
欢阅读这本书，就像人们喜欢马力欧游戏一样。

本书适合马力欧爱好者阅读、收藏。

◆ 编  著  [英]未来出版社
  译     陆籽仰
  责任编辑  李 东
  责任印制  陈 犇

◆ 人民邮电出版社出版发行  北京市丰台区成寿寺路 11 号
  邮编 100164  电子邮件 315@ptpress.com.cn
  网址 https://www.ptpress.com.cn
  北京启航东方印刷有限公司印刷

◆ 开本：889×1194  1/32
  印张：8                   2024 年 5 月第 1 版
  字数：400 千字            2025 年 5 月北京第 5 次印刷
  著作权合同登记号  图字：01-2021-5011号

定价：69.80元
读者服务热线：(010)81055410 印装质量热线：(010)81055316
反盗版热线：(010)81055315

# 前言

当宫本茂为他的新平台跳跃游戏《森喜刚》（*Donkey Kong*）[1]创作出"跳跃人"（Jumpman）时，他很可能没有意识到这个角色有朝一日会成为有史以来最具辨识度的游戏角色之一，而一切就这样发生了。"跳跃人"迅速更名为"马力欧"，转换职业（角色最初的职业设定是木匠），摇身一变成了任天堂最出彩的吉祥物。不同于劲敌索尼克，马力欧出演的平台跳跃游戏都很成功，虽然他不排斥尝试奇奇怪怪的新事物（《马力欧失踪记》（*Mario Is Missing*），说的就是你），但平台跳跃系列始终是马力欧最精彩的冒险。

我们都记得第一次发现要拯救的公主在另一个城堡的时候，第一次遇到酷霸王的时候；记得《超级马力欧 64》（*Super Mario 64*）的 3D 马力欧带来的视觉冲击，以及在《超级马力欧卡丁车》（*Super Mario Kart*）的彩虹之路上飞驰的快感。即便你不像我们这么迷马力欧，也无法否认他给游戏产业带来的巨大影响。为纪念任天堂最出色的游戏角色，我们从《复古玩家》（*Retro Gamer*）杂志中精选出关于马力欧的专题佳作，并增加了许多新篇。希望你能在阅读时体验到我们编写本书时的乐趣。接下来，就让我们以这个大人物自己的话开启旅程："让我们开始吧！"

---

[1] 又称为《大金刚》。任天堂于 2022 年 12 月 23 日宣布将游戏角色"森喜刚"中文名称变更为"咚奇刚"，没有计划变更该日以前发售游戏内的角色中文名称。为保证全书统一性，本书涉及 *Donkey Kong* 的内容均译为"森喜刚"，请留意。——译者注

# 目录

马力欧成长史

黑色格式为专题，白色格式为短篇

超级马力欧精彩瞬间

3
Menu
Map

Move
You can also shake the Joy-Con to move.

超级马力欧: 奥德赛

马力欧衍生作品

# 目录

超级马力欧兄弟 3

超级马力欧世界

超级马力欧阳光

# 超级马力欧精彩瞬间

《超级马力欧兄弟》(*Super Mario Bros*)系列游戏自19世纪80年代起就一直引领着游戏行业的发展。我们精选了30个最受喜爱的马力欧精彩瞬间，并邀请游戏开发人员分享了他们关于这个长青系列的独家记忆。

　　马力欧毫无疑问是游戏行业最具代表性和辨识度的游戏角色之一。尽管早在1981年他就开始以"跳跃人"（Jumpman）的身份活跃在游戏世界，但直到1985年他成为"超级马力欧"时，这个大胡子水管工才成功引起了玩家的注意。

　　宫本茂在制作《超级马力欧兄弟》时也在实际意义上重塑了平台跳跃游戏这个游戏类型，不仅创造了一个可供马力欧后作沿用多年的模板，也为所有平台跳跃游戏提供了一个范本。1996年，任天堂再次凭借《超级马力欧64》刷新了行业标杆，而现在尽管其他竞争者已经能够望其项背，却没有任何游戏制作者可以制作

出能与《超级马力欧银河》（Super Mario Galaxy）以及《超级马力欧 3D 世界》（Super Mario 3D World）匹敌的 3D 平台跳跃游戏。简言之，马力欧已经成为这一领域的"王者"，而且这一地位短期内不会受到任何威胁。

由于我们已经介绍过马力欧的光辉历史了（不下 82 期），所以在这本新书里，我们打算探索一下《超级马力欧兄弟》系列广受玩家喜爱的原因。《超级马力欧》系列近 3 亿的神级销售量自有其原因。该系列是同类产品中最富创意且设计最别出心裁的游戏。不过，光我们说了可不算。在接下来的内容里，我们精选了玩家最喜欢的高光时刻，还说服了许多优秀的游戏制作者分享他们的独家记忆，一起向我们最喜爱的水管工致敬。

## 《超级马力欧兄弟》时间线
### 所有任天堂官方认可的系列作品

| 作品 | 平台 | 年份 |
|---|---|---|
| 《超级马力欧：奥德赛》 | NINTENDO SWITCH | 2017 |
| 《超级马力欧跑酷》 | iOS，安卓 | 2016 |
| 《超级马力欧制造》 | NINTENDO WII U | 2015 |
| 《超级马力欧 3D 世界》 | NINTENDO WII U | 2013 |
| 《新超级马力欧兄弟 U》 | NINTENDO WII U | 2012 |
| 《新超级马力欧兄弟 2》 | NINTENDO 3DS | 2012 |
| 《超级马力欧 3D 乐园》 | NINTENDO 3DS | 2011 |
| 《超级马力欧银河 2》 | NINTENDO WII | 2010 |
| 《新超级马力欧兄弟 Wii》 | NINTENDO WII | 2009 |
| 《超级马力欧银河》 | NINTENDO WII | 2007 |
| 《新超级马力欧兄弟》 | NINTENDO DS | 2006 |
| 《超级马力欧阳光》 | GAMECUBE | 2002 |
| 《超级马力欧 64》 | NINTENDO 64 | 1996 |
| 《超级马力欧大陆 2：6 个金币》 | GAME BOY | 1992 |
| 《超级马力欧世界》 | 超级任天堂 | 1990 |
| 《超级马力欧大陆》 | GAME BOY | 1989 |
| 《超级马力欧兄弟 3》 | NES | 1988 |
| 《超级马力欧兄弟 2》（美版） | NES | 1988 |
| 《超级马力欧兄弟：失落的关卡》 | FC 磁碟机 | 1986 |
| 《超级马力欧兄弟》 | NES | 1985 |

# WORLD 1-1 《超级马力欧兄弟》

第一次上手游戏的感觉简直无与伦比。按下橡胶制的开始按键，看着屏幕变暗，"World 1-1"出现在屏幕上，游戏主题曲随之响起。随着这段你注定不会遗忘的旋律，《超级马力欧兄弟》的第一关开始了。

时至今日，也鲜少有游戏能把第一关设计得如《超级马力欧兄弟》这样引人入胜。无须借助冗长的新手教学，游戏本身的设计已经潜移默化地激发了玩家的兴趣，带领玩家熟悉了游戏元素。所有物体都被置于开始界面的右侧，激励着玩家向前推进。带有问号的砖块本身就极具吸引力，引诱玩家进行互动。"面相凶恶"的栗宝宝朝着马力欧逼近，不可避免的对峙一触即发。

World 1-1 恰到好处的难度既能使成年玩家体验获胜的成就感，又能让小朋友稍加练习便可以轻松过关。几次通关之后你便能对关卡烂熟于心，而且能在一分钟内快速通过。即便如此，它仍能让你乐此不疲，这就是《超级马力欧兄弟》的第一关。

"我最喜欢的还是我最早接触的街机《（超级）马力欧兄弟》，里面有许多现在看来不足为奇但在当时无比惊艳的设计，比如流畅推进的风景画面。不过，真正让我惊掉下巴的是那些可以跳关的绿色水管。这个简单的设计让我觉得整个马力欧世界更加辽阔和神秘了。我们小时候都喜欢探索山洞，想知道里面都藏着什么。游戏通过绿色水管的设置成功捕捉了这一点，因为每个水管都可能通向一个亟待发掘探索的全新区域。在那之后，隐藏区域便成了游戏的标配。就我参与过的 Apogee 游戏和 3D Realms 游戏而言，我们总是尽可能地在游戏里设置更多隐藏区域。这都是受到了《（超级）马力欧兄弟》的启发。"

——斯科特·米勒（Scott Miller），3D Realms 公司

"作为游戏制作者，在体验一款游戏时，我当然有不同于普通玩家的感想。我们可以拿早期的 NES 平台上的马力欧游戏来举个例子。

我看到它的第一反应是惊讶，游戏的背景图像明显是由图块组成的。用图块制作游戏场景是宫本茂的一个明智决定。这样一来，他就能在有限的储存空间里创造出更大的世界，但坏处是这么做会牺牲游戏画面。作为 NES 的护航作品，《超级马力欧兄弟》系列无疑会让人想到 NES，而牺牲游戏画面可能会让玩家以为 NES 的性能不如当时画面更具真实感的其他游戏机。

最终，这些问题都被游戏本身化解了。利用图块制作游戏换来了更大的创作空间，进而增加了游戏体验的丰富性。对玩家来说，他们并不觉得游戏画面是技术限制造成的，反而认为这些色彩斑斓的图块背景是构造游戏世界的美术风格，况且游戏体验也相当不错。"

——大卫·克兰（David Crane），Activision 公司

11

> 我最喜欢的马力欧精彩瞬间要追溯到我第一次玩这个游戏的时候。当时是 1986 年初，我在 *Zzap!64* 杂志工作的时候，访问了 Activision 公司并体验了这款游戏。他们有一台新买的 NES 和一台可以玩游戏的电视。玩了一阵《越野摩托》（*Excitebike*）之后，我打开了《超级马力欧兄弟》，当时我就觉得这游戏会是我玩过的最酷的游戏。我到处探索了一阵之后碰巧发现，站在水管上按手柄的向下键就可以让马力欧进入其中，传到另一个区域。这种设置现在看来算是基本操作了，但那时，在摸索过程中发现自己脚下还有另一个世界的这种感觉棒极了，让游戏体验更上一层楼。游戏里还有别的秘密吗？我整个人都惊呆了。在大部分游戏在设置隐藏元素方面表现平平的时候，《超级马力欧兄弟》可谓是一枝独秀。这游戏太牛了！
>
> ——朱利安·里格纳尔（Julian Rignall），记者

## 第一个蘑菇

带有问号标记的砖块诱惑着你朝着它跃起，此后，一个蘑菇从砖块里跑出来并开始移动，马力欧吃下蘑菇，成为更抗打的超级马力欧。现在看来这一切稀松平常，但在 1985 年却是一个相当神奇的场景。

> 在 NES 上速通《超级马力欧兄弟》World 1~1，然后在旗杆处跃起获得积分，会让你感到自己有个好的开始。没错！
>
> ——SAMHAIN81

> 最令我惊艳的是第一次在 NES 上玩《超级马力欧兄弟》发现跳关区的时候。顺着隐藏藤蔓向上爬出关卡，在关卡上面跑过整关真的是无比惊艳的体验。当时在场的还有 5 个人，大家都被这些传送水管震惊了。那个时候，隐藏设置比现在宝贵多了。
>
> —— 亚历克斯·沃德（Alex Ward），Criterion Games 公司

## 第一个隐藏设置

你有可能在第一次探索 World 1–1时就发现额外生命的存在，因为它藏得并不深。虽说如此，你仍有可能与之擦肩而过。你以为你已经对马力欧游戏的套路了如指掌，但游戏却仍有层出不穷的新事物等待发掘。此处隐藏设置就是最初的印证。

## 第一根旗杆

哪怕第一次胜利近在咫尺，玩家仍需要面对最终的挑战——跳到旗杆顶端，获得更多积分。如果你足够幸运，甚至可以在降旗后触发烟花效果！真是个精妙又厉害的游戏设计。

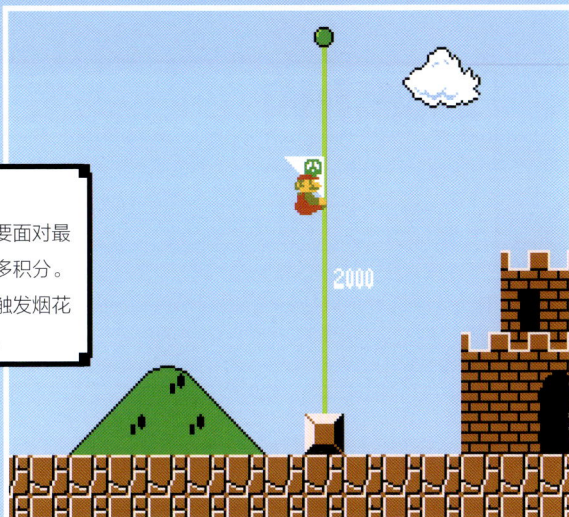

## 第一次水管之旅

身为水管工的马力欧与水管为伍没什么出奇，但通过水管穿梭在不同空间就另当别论了。你一旦下过一次水管并在隐藏空间内发现金币，就誓不会放过任何一个进入水管寻找金币的机会。

## 第一颗无敌星

当这颗闪闪发光的星星第一次出现时，直觉会告诉你它很特别。确实如此。马力欧会获得暂时的无敌状态，势不可当，可以毫不畏惧地穿过敌人。拥有超能力的感觉实在是太棒了。

# 打破边界 见于：《超级马力欧兄弟》

②《超级马力欧兄弟》中，任天堂将地下关卡的天花板置于数据显示区域之下的操作可谓神来之笔。这样一来，这些数据看起来就像一个固定的数据条。所以当你跳出正常的游戏区域，在屏幕顶部狂奔的时候，你会有一种打破游戏限制的感觉。更妙的是，跑过出口水管之后，你就可以到达跳关区。

# 4种玩法
## 见于：美版《超级马力欧兄弟2》

③ 在美版《超级马力欧兄弟2》（*Super Mario Bros 2*）里，你可以操纵马力欧的朋友。这些角色性格鲜明，各有所长，让游戏别有一番乐趣。路易吉虽然移动得比马力欧慢，也比马力欧弱，但跳得比马力欧高。奇诺比奥跳不远，但移动得更快，拔起蔬菜来也更麻利。而桃花公主[1]则拥有独特的悬浮跳技能。你可以在探索最适合自己的角色中获得乐趣。

> ❝ 1988 年，我在 Origin Systems 公司工作，当时有台日本的 FC（Famicom，红白机），我拿它玩过日版《超级马力欧兄弟2》。再次看到马力欧的感觉特别棒，而且还有风吹落叶的场景！不过这个版本没被引进美国。6 个月后，经过换皮的《梦工厂悸动恐慌》（*Doki Doki Panic*）（当然《梦工厂悸动恐慌》也是部佳作）作为《超级马力欧兄弟2》在美国上市。
>
> 我还记得《超级马力欧兄弟3》的 World 8 特别难，游戏设计精妙绝伦，在各方面都表现得十分完美。最后我成功打通了整个游戏，而这个游戏也成了我玩过的最难的一个游戏。❞ ——约翰·罗梅罗（John Romero），id Software 公司

---

①根据任天堂 2022 年 12 月 23 日消息，后续发布的游戏中桃花公主中文名称将陆续变更为"碧姬公主"。——译者注

# "拔萝卜"

## 见于：美版《超级马力欧兄弟 2》

由于美版《超级马力欧兄弟 2》是由其他游戏换皮而来，因此该作的主要玩法也与原汁原味的马力欧游戏略有不同。最明显的一个不同之处就是马力欧和他的朋友们可以从地里拔出东西来——多数情况下是可以扔向敌人的蔬菜，少数情况下是特殊道具，比如可以变出通向次级空间的门的药水，或者把玩家推送到游戏另一部分的火箭。你当然可以跳到敌人头上把它们举起来，不过就算你把嘿虎扔得再高也不如"拔萝卜"来得有乐趣——每次连根拔起前的那一丝期待感让这个动作相当上瘾。

# "拔萝卜"图鉴

以下是你能在美版《超级马力欧兄弟 2》的地里拔出来的所有道具。

15

> 我的马力欧独家记忆是 1989 年在 Game Boy 上玩《超级马力欧大陆》（*Super Mario Land*）的时候。那是我拥有的第一部马力欧游戏。之前我一直在一家卖 Sega Master System 游戏机的游戏商店工作，没人会同时卖世嘉（Sega）和任天堂，所以我也就从没见过 NES。我自己买了 Game Boy 和《超级马力欧大陆》。第一次游玩时，我觉得这个游戏设计得很好，关卡也很有难度。玩着玩着，4 个小时就过去了。我完完全全上瘾了，游戏里的各种音乐也深深地刻在了脑海里，连我的家人也陷入打怪和探索管道的乐趣中无法自拔。要知道我的 Spectrum 电脑都没能引起他们的兴趣。最近我又重温了一下游戏，即使以现在的标准衡量，游戏依然具有十足的游戏性，仍然保有 26 年前那种'玩了还想玩'的魔力。

——马克·琼斯（Mark R. Jones），Ocean Software 公司

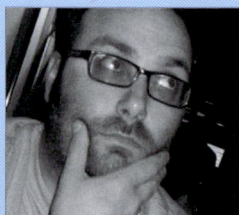

> 我最喜欢的马力欧精彩瞬间是在 World 1-2 最后发现跳关区的时候。而我还自以为摸清了整个游戏的套路！我最不喜欢的是 World 4-1 朱盖木的无限刺刺蛋。应该不是故意把这两关连在一起的吧？

——史蒂夫·莱西特（Steve Lycett），Sumo Digital 公司

## 毒蘑菇

### 见于：《超级马力欧兄弟：失落的关卡》

**5** 《超级马力欧兄弟》有时候会以颠覆玩家预想的方式给人留下深刻印象，而这部马力欧续作就很好地展现了这一点。在原始的游戏中，所有蘑菇都是好的，然而在《超级马力欧兄弟：失落的关卡》（*Super Mario Bros: The Lost Levels*）里，玩家不得不警惕那些可像敌人一样伤害你的毒蘑菇。

# 水下攻击

见于:《超级马力欧大陆》

**6** 横井军平操刀的马力欧掌机系列游戏在设计上别具一格,在不失原作风格的同时加入新的游戏机制。在我们都喜欢的 World 2-3 中,马力欧跳上潜水艇开启了紧张刺激的枪战环节。游戏中马力欧还重温过这份经历,而这一次是在飞机里!

DOT MATRIX WITH STEREO SOUND

MARIO×02　ⓒ×34　2-3　319
12350　　　WORLD　TIME

BATTERY

Nintendo **GAME BOY**™

B

SELECT　START

WORLD 3 ▶▶▶▶▶▶ P ✿ 8
(M)×21 0283760 ②275

## 飞行路线

初尝遨游天际的乐趣后，马力欧觉得自己很适合空中生活……

**超级树叶**
出自：《超级马力欧兄弟3》

**斗篷**
出自：《超级马力欧世界》

**飞行帽**
出自：《超级马力欧64》

**水泵**
出自：《超级马力欧阳光》

**蜜蜂蘑菇**
出自：《超级马力欧银河》

# 一飞冲天

## 见于：《超级马力欧兄弟3》

即便《超级马力欧兄弟》已经给马力欧提供了许多强化道具，但真正让玩家爱上这些道具的却是《超级马力欧兄弟3》（*Super Mario Bros 3*），其原因在游戏最开始就十分明显。吃掉超级树叶后，马力欧会长出耳朵和尾巴，变身为浣熊马力欧，不仅形象更加可爱，而且还获得了飞行的能力！马力欧必须以最快速度奔跑才能在起跳时触发飞行状态。也就是说，马力欧需要足够长的距离进行助跑。

即便如此，由于浣熊马力欧（以及后来的狸猫马力欧）可以到达其他形态下无法到达的区域，所以一有机会玩家就会尝试"发射"马力欧。飞行能力为《超级马力欧兄弟3》增色不少，同时也自然而然地成了一个被任天堂反复使用的主题。

> ❝ 我穿着《超级马力欧兄弟3》中的狸猫装玩了好久，以为自己已经练出了最牛的进攻招式，直到邻居向我展示怎么操作马力欧起飞。之后我的整个《超级马力欧兄弟3》游戏生涯都在不断尝试让马力欧起飞中度过。❞
>
> ——BITTERTOAD

# 酷霸王的同伙们

## 见于：《超级马力欧兄弟 3》

**8** 在第一部游戏中屡战屡败后，酷霸王感受到了发号施令的乐趣，决定退居幕后做最终的 boss。不过酷霸王是个负责的反派角色，为了保证马力欧有可以对抗的 boss，它特意找来了"酷霸王 7 人组"接手它的苦差事。我们很欣喜地发现酷霸王 7 人组的人气不低，也很开心看到它们在近几年的作品中回归。

> **❝** 第一次在《超级马力欧兄弟 3》中拖着浣熊尾巴在天上飞的时候，我领略到了游戏开放给玩家的广阔探索空间。那感觉简直太棒了。**❞**
>
> ——FLYING_DELOREAN81

## 化装舞会

**马力欧非常喜欢打扮自己。我们从他这些年穿过的行头里选出了我们最爱的几套……**

**火焰装**

**青蛙装**

**锤子装**

**斗篷装**

19

# 吹哨人

## 见于：《超级马力欧兄弟 3》

**9** 在《超级马力欧兄弟》里发现跳关区总能给玩家带来满足感，但这绝比不上在《超级马力欧兄弟 3》里发现跳关哨子的感觉。因为跳关哨子十分稀有，整个游戏里只有 3 个，而且全部隐藏在前两关里。我们最喜欢的是第一个跳关哨子。在 World 1-3 中找到白色的砖块，按住十字向下键几秒钟，然后就可以绕到背景后面结束整个关卡了！

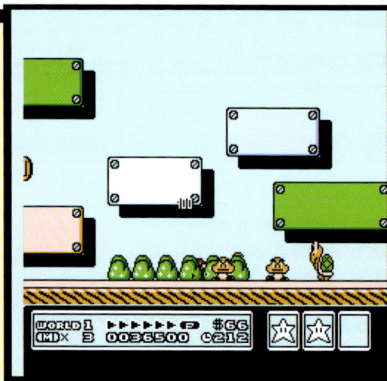

» 图中英文意为：吹一下哨子，你将被传送到一个遥远的区域！

**❝**要从那么多个精彩时刻中选一个太难了。我认为最特别的是《超级马力欧兄弟 3》里的浣熊（狸猫）装。作为一个搞图像设计的人，看到这个不务正业的水管工突然穿着毛茸茸的连体衣出现，实在让我笑得合不拢嘴。

这游戏的伟大之处就在于能让所有人都乐得像个孩子似的，包括那些年事已高的老古董们。**❞**

—— 西 蒙·巴 特 勒（Simon Butler），Imagine Software 公司

» 图中英文意为：欢迎来到跳关区。

**害羞幽灵装**

**金属装**

# 奇诺比奥的家

## 见于：《超级马力欧兄弟3》

**(10)** 基于全新的世界地图系统，《超级马力欧兄弟3》开创了关卡间活动的先河。尽管我们都挺享受对抗敌人的迷你关卡，但能看到友好的奇诺比奥无疑让人更加开心。不管是翻卡牌还是从箱子里捡东西，能稍事休息，补充一下道具总是不错的。

» 图中英文意为：选一个箱子，其中的物品将在未来的旅程中助你一臂之力。

» 图中英文意为：任意翻开两张卡牌，看看二者是否一致。失败两次将被直接淘汰！

云朵装

弹簧装

螺旋桨装

螺旋桨盒子装

猫咪装

# 世界地图

## 见于：《超级马力欧世界》

⑪ 虽说《超级马力欧兄弟3》也有世界地图，但相比《超级马力欧世界》（Super Mario World）里的恐龙岛地图也只能是小巫见大巫了。在之前的游戏里地图基本是各自独立存在的，但在离开耀西岛之后，你会真实地感受到《超级马力欧世界》的地图规模之大、之繁复。这张地图会随着你在游戏中的探索而变化演进，路径、桥梁一一出现，马力欧的探索深入洞穴和丛林。整张地图就像是活起来了一样，同时也增加了游戏的丰富度。

这张地图不仅好看，也是协助你探索游戏的绝佳工具，而这都要得益于它的设计：你可以看到自己要走哪条路，同时也有不少备用空间。足够幸运的话，你很快就会发现那些表示关卡的红点和黄点另有玄机：红色的关卡有多个出口，提示你如何探索地图上那些看似空无一物的区域，并解锁隐藏关卡。地图本身只能帮你到这里了，剩下的留给你自己探索并享受其中的乐趣。

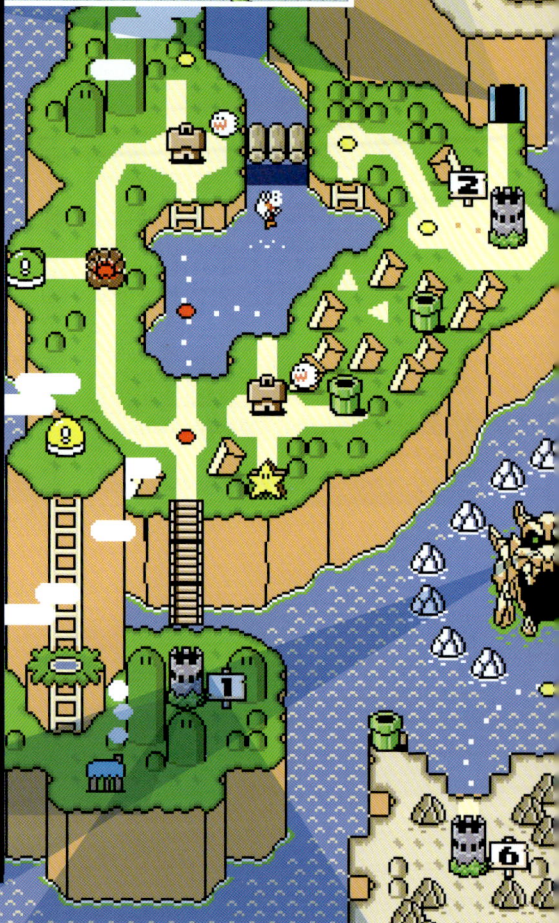

> 当然是在《超级马力欧世界》的隐藏关卡里发现隐藏关卡的时候了！我那十岁出头的小脑袋瓜都快炸掉了。
>
> ——乔利（Jolly）

⑫ 星星之路上的体验非同寻常，特别的关卡和颜色各异的耀西给玩家带来了与主图关卡完全不同的体验。然而，事情并非如此简单，当你发现星星之路关卡也有各自的秘密出口时，你才会领悟它的奥妙。要是你能找到所有秘密出口，你就可以进入超级隐秘的特殊关卡，挑战那些令《超级马力欧世界》骨灰级玩家心态爆炸的关卡。

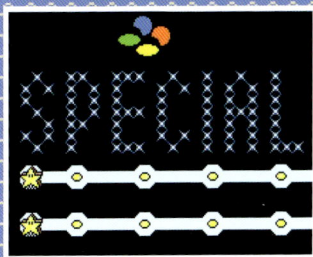

> 如果我被困荒岛，只能留下一个游戏以及一台主机，我肯定会选择《超级马力欧世界》和我那台 SNES。这款游戏给我留下了许多美好的回忆，从初始关卡到隐藏设置，连配乐都非常契合每个关卡。它应该是我最喜欢的游戏了。
>
> ——乔恩·韦尔斯（Jon Wells），《复古玩家》杂志美术编辑

23

# 机关宫殿

## 见于：《超级马力欧世界》

**13** 作为该系列首个允许重复挑战的游戏，《超级马力欧世界》势必给玩家一个"吃回头草"的理由，而这个理由就是机关宫殿。只要能找到机关宫殿，你就能收获一屋子的金币，还可以激活旧关卡内的砖块，打开新的通道，转眼间你自以为谙熟于心的关卡就来了个超级大变身。

> 和许多玩家一样，我最喜欢的马力欧瞬间出自《超级马力欧世界》——当玩家第一次进入地底山洞，而且配乐和音效还都带回响的时候。别问我为什么《超级马力欧 64》（Super Mario 64）的开场那么精彩我却更喜欢《超级马力欧世界》。我只是觉得《超级马力欧世界》的设计太聪明了，他们居然能想到利用音效展现场景的空间感……而且 SNES 的性能居然能支持这个操作。当时我就觉得这钱花得值，而《超级马力欧世界》也是我沉迷于任天堂的开始。
>
> ——保罗·罗斯（Paul Rose），国外知名视频网站博主

# 初识耀西
## 见于：《超级马力欧世界》

(14) 第一次看见耀西破壳而出的时候，你就能预感到它将会成为马力欧的众多伙伴里最受欢迎的一位。这只长相可爱的绿色恐龙虽然远没有《侏罗纪公园》里的那些恐龙可怕，但实力却不容小觑。耀西可以将大多数敌人吞下，然后再把它们像弹药一样吐出来进行攻击。不仅如此，它还可以当你的挡箭牌，甚至辅助你进行二段跳，同时还能给音乐添加不错的鼓点。

# 鬼屋探险
## 见于：《超级马力欧世界》

(16) 鬼屋的设置使玩家能在紧张的平台跳跃中获得一丝喘息的机会。鬼屋给玩家提供了许多脑力挑战，充分体现出马力欧玩法设置的多样性。从看似坚不可摧的砖块背后隐藏的暗门到永无止境的阶梯，鬼屋总能带给你各种各样出乎意料的挑战。一般情况下，面对这些让人绞尽脑汁的难题，时间的流逝往往比鬼屋里缓缓移动的害羞幽灵更让人有紧迫感。

# 慢慢龟保龄球
## 见于：《超级马力欧世界》

(15) 《耀西岛2》（Yoshi's Island 2）一上来的场景就让我们情不自禁地爱上了它。对面站着一排慢慢龟，手边却只有一个红色乌龟壳，你会怎么做？当然是捡起乌龟壳扫荡慢慢龟啦！与此同时，你还能获得一大堆金币和一条额外生命。何乐而不为呢？

> 《超级马力欧世界》里有一个初始关卡可以把慢慢龟壳扔向其余七八个慢慢龟。这个设计永远不会过时。
> ——蒂姆·菲切斯（Tim Fitches）

> 我可以跟你们讲讲我在 SFC（Super Famicom）上通关《超级马力欧世界》的经历。我玩的日语版，也就是说我根本不知道可以直接扔龟壳。所以我不得不拿到斗篷，无伤通过最后一关。最后那段尤其艰难。我得在慢慢龟从屏幕这边掉下来的过程中跑到屏幕另一边。这样你才有足够的空间助跑达到起飞速度。速度够了之后，迅速起跳，在飞行过程中击中慢慢龟拿到它的龟壳，然后越到酷霸王头顶，像往常那样扔龟壳砸它。一遍一遍地重复这个过程，还不能受伤。否则你的斗篷就没了，又得回头去之前的关卡里捡……
> ——亚历克斯·特罗尔斯（Alex Trowers），Bullfrog 公司

# 马力欧的阴影

## 见于：《超级马力欧大陆2：6个金币》

(17) 瓦力欧的出场算是整个系列最轻描淡写的场景了，但却承载着重要的意义，即使许多玩家在当时没意识到这点。当这位身材魁梧的反派作为著名水管工的死对头第一次出现在《超级马力欧大陆2》（Super Mario Land 2）时，他就轻松地取代了酷霸王。此后，尽管他在其他的几部游戏中也有客串，但是直到《超级马力欧大陆3》他才成为主要的反派角色。在之后的《瓦力欧制造》（WarioWare）系列中，瓦力欧再接再厉重新定义了小游戏这个类别，让马力欧不仅在平台跳跃游戏里饱受煎熬，在其他游戏类型里也难逃噩梦。真是个十足的坏蛋。

66 当时是1996年，我和几个朋友为N64购买了《超级马力欧64》，比赛谁能最快通关游戏。我最后用了3周。那个时候我基本都在清晨玩游戏，每次都能玩上好几个小时。有天晚上我关着灯，完全沉浸在游戏中，在操纵马力欧探索水下洞穴时，他缺氧死亡了。那是段让人心碎的死亡动画，马力欧呛了几口水，了无生机地漂浮在水面上，画面从他身上拉远。那个画面太难受了，看得我快要哭出来了。我和马力欧还有他的任务产生了共鸣。那一刻真的很让人伤心动容。所以，尽管游戏画面十分卡通抽象，就像白雪公主还有《玩具总动员》里的胡迪一样，但也能创造出可以让玩家共情的抽象角色。虽然我们都在电影或动画人物身上看到过类似的效果，但这是我第一次在一个游戏角色上体验到这点。 99

——安德鲁·奥利弗（Andrew Oliver），Blitz Games 公司

# 是我! 马力欧!

## 见于:《超级马力欧 64》

**18** 我们经常忽视马力欧第一次出现在任天堂的 64 位机上时所带来的影响。在和我们这位可爱的水管工一起进行了 11 年的 2D 冒险后,他终于迎来了自己的 3D 时代,3D 马力欧看起来棒极了。单单是马力欧跟随你的光标转动眼睛这一点,就足以让人在加载游戏时获得不少乐趣。更妙的是,你还可以操纵屏幕上的手摆弄马力欧,把他的脸捏成各种滑稽的造型。这也是推动《超级马力欧 64》成为史上最佳平台跳跃游戏之一的众多难忘时刻之一。

> 第一次玩《超级马力欧 64》的时候,我就感受到了游戏本身的颠覆性。任天堂完美地完成了向 3D 的转换。马力欧的操控感简直太棒了,光是奔跑、滑行、跳跃就能带给你不少欢乐。这游戏简直是配合 N64 发布的不二之选,画面、音效、玩法都没得挑。
>
> ——约翰·佩格(John Pegg),Rare 公司

# 马力欧任务
## 见于：《超级马力欧 64》

**19** 《超级马力欧 64》是一部具有颠覆意义的游戏，不仅重新定义了平台跳跃游戏，也给马力欧 11 年来的游戏设计带来了新气象。跃入油画探索新世界已经很神奇了，但《超级马力欧 64》独具特色的任务同样令人印象深刻，在赋予游戏结构的同时也带来了前作没有的临场感。与此同时，游戏的核心机制仍得以保留，不过这次你会和企鹅比赛滑雪，在新的场景中寻宝，帮助雪人找回丢失的头颅。总之，游戏会让你体验到你从未体验过的快乐。

> **❝** 我最先想到的是《超级马力欧 64》的雪地场景。画面里分布着企鹅，整个氛围堪称一流。雪地赛车就更绝了，既能让人从跳跃的审美疲劳中短暂放松，又不失趣味。**❞**
> ——史蒂夫·韦瑟里尔（Steve Wetherill），Odin Software 公司

# 抓住酷霸王的尾巴

## 见于：《超级马力欧 64》

**20** 你很难在《超级马力欧 64》乃至所有马力欧游戏中找到几个可以和酷霸王出场相媲美的瞬间。在早期的马力欧游戏中，酷霸王一直是一个给玩家带来不小挑战的角色，但与《超级马力欧 64》里的酷霸王相比也只能甘拜下风。3D 版的酷霸王显得更加凶神恶煞，同时也让人对这位慢慢龟族国王的身形有了更加生动的了解。此外，游戏画面还会在酷霸王的人脚落地时颤动，给这个游戏形象又增添了一丝威严。

在《超级马力欧 64》中，体型越大的角色摔得就越重。酷霸王从空中摔下来的动静可了不得。虽然体型巨大，口吐巨型火焰的酷霸王看起来孔武有力，但 3D 版马力欧也超级灵活敏捷，要不了多少工夫就能制服这只巨兽，并且绕到它身后。

然后你就可以抓住酷霸王的尾巴，慢慢转动这位还没反应过来的国王陛下，并逐渐加快速度，直到它像陀螺一样旋转起来。"再见啦，亲爱的酷霸王！"随着马力欧的一声大喊，酷霸王就这样被甩下平台，落入旁边的矿山中。重复操作 4 次之后，酷霸王落荒而逃，留下一把巨大的钥匙，让马力欧继续接下来的冒险旅程。

> 当然是《超级马力欧 64》。它是第一个让我真正进入马力欧的世界中的游戏，因为游戏的质感让我觉得游戏机里真的有个'马力欧世界'。
>
> 《超级马力欧 64》发布时，许多'黑暗'、阴郁的游戏大行其道，用 3D 技术来制作射击游戏。但《超级马力欧 64》独树一帜，让我们意识到不走阴暗风一样能做出好游戏。《超级马力欧 64》是个相当精彩的游戏，它给很多人带来了灵感，包括我本人。这款游戏给我，还有许多 Rare 公司的美工人员带来了灵感。看看《班卓熊大冒险》（*Banjo-Kazooie*）和《迪迪刚赛车》（*Diddy Kong Racing*）这两款游戏，你就知道我们平时玩什么了。
>
> ——凯文·贝利斯（Kevin Bayliss），Playtonic 公司

> 马力欧刚出来的时候我挺讨厌这个游戏的。《超级马力欧 64》是我唯一一接触过的马力欧游戏。我喜欢它，喜欢它的质感、它的操控设计。3D 版的马力欧跑起来会微微侧倾，而《侠盗猎车手 4》（*GTA IV*）在 2008 年才将这种设计介绍给'现代'玩家。这是个很精妙的设计，也是马力欧唯一一吸引我的东西。
>
> ——斯图尔特·吉尔雷（Stewart Gilray），Just Add Water 公司

31

> 《超级马力欧 64》还没在欧洲发布的时候，我就在进口游戏机上玩了日语版。我最震惊的是 6 个多月之后，我看到其他人玩英语版的时候，界面上有大段介绍如何寻找星星的文字。我玩的时候还以为那是段故事背景介绍。要知道我当时花了好长时间找最后那几颗星星！

——大卫·布拉本（David Braben）

# 越大越……

## 见于：《超级马力欧 64》

㉑ 尽管宫本茂已经在《超级马力欧兄弟 3》中使用过了变大变小的概念，但"小人国大人国"这一关里却将其效果带上了另一个高度。与《超级马力欧 64》中的关卡设计不同，"小人国大人国"有两个出发点。一个出发点可以让马力欧变小，让吞食花和栗宝宝看起来更加可怕。而另一个出发点则有完全相反的效果，怪物们身体缩水了，却相当顽固，所以你在用脚不费吹灰之力踩碎它们的时候才更有满足感。

record-breaking rains has received.

# 驯服水泵

## 见于：《超级马力欧阳光》

**22** 《超级马力欧 64》作为定义了平台跳跃类游戏的作品，为该系
列游戏的后续开发带来了不小的难度。如何为这款史上最佳游戏
之一开发出一个像样的续作呢？任天堂另辟蹊径，开始在道具上做文章。
不论是清理德尔皮克岛（Isle Delfino）墙上的涂鸦，还是为愤怒的鳗鱼
清理牙齿，马力欧手里的水泵都成了他最称手的工具。

这个由水驱动的道具最开始只是马力欧的一个环保武器，但在游戏
结尾时，你拥有的各种喷嘴可以让马力欧在空中盘旋，快速升空，以可
以和某个蓝刺猬匹敌的速度奔跑。这些技能让我们可以操控马力欧以前
所未有的速度及方式肆意探索。

" 尽管我已经把《超级马力欧世界》和《超级马力欧
64》玩了个底朝天，但《超级马力欧阳光》（*Super
Mario Sunshine*）却是第一个我想要充分挖掘的马力欧
游戏。《超级马力欧阳光》结合了《超级马力欧 64》华
丽的 3D 效果和《超级马力欧世界》复杂的关卡设计。通
过不断记忆地图上的捷径，练习快速吃硬币，找到通往隐藏区域的路径，不
管我带着马力欧去哪儿都能获得奖励。我现在还记得当时在哪儿找到的最后
一个蓝硬币。那种成功的喜悦难以言表。发现耀西也在那儿的那一刻我完全
爱上了这个游戏。任天堂通过《超级马力欧银河》充分展示了它把老少咸宜
的奇异设计融入游戏内的能力。而《超级马力欧阳光》则证明了任天堂难以
匹敌的大师级关卡设计能力，让关卡在游戏玩家的手中焕发新的生机。"

——保罗·戴维斯（Paul Davies），记者

**33**

### 翱翔喷嘴
■喷射出的双股水柱能使马力欧在半空中停留数秒，它不仅可以让马力欧飞过空隙，而且也是在高空开展清洁作业的好帮手。

### 喷射喷嘴
■集清理涂鸦、攻击、灭火，以及其他任务功能于一体的多功能道具，拿着它喷水就行了。

### 涡轮增压喷嘴
■如果你见过有人用灭火器推动自身前进，你就知道这东西怎么用。马力欧利用水流高速前进。

### 火箭喷嘴
■想到达高处，光靠马力欧的小短腿可不行，一股高压水柱能助你遨游云端。

# 巨大蘑菇!

## 见于:《新超级马力欧兄弟》

**23** 使用前请三思,因为当马力欧吃下巨大蘑菇时,他的体格使得他只能采取一种行动方式,那就是一往无前地一路碾压过去。无敌星确实是不错的道具,但它们只能让你消灭敌人;而巨大马力欧却能轻松碾压沿途的一切,包括从敌人到砖块和水管之类的场景道具。

当然,巨大马力欧不仅体验起来很棒,而且还有许多不错的附加效果。比如你可以在关卡最后变身巨大马力欧并一拳打倒旗杆。之后,马力欧会羞怯地回头看向旗杆。不仅如此,你还能通过踩碎物品获得额外生命。

> **"** 第一次在家用电脑上玩马力欧是 Dragon 32 上的《森喜刚》。那是我在那款机器上看到的第一个双色 320×200 游戏,那是当时的高清模式了。除了色彩不够丰富外,游戏和街机版本的没什么区别,这也许是说服我 Dragon 32 带得动游戏,并且让我们把它选作接替 ZX Spectrum 的代码编程机的原因。我在移植前 3 部由史蒂夫·特纳(Steve Turner)开发的作品到 Dragon 32 上时用的就是这种图形模式。
>
> 所以也可以说是马力欧促使我走上了写代码的这条路,只不过当时我俩都没意识到这一点。**"**
> —— 安德鲁·布雷布鲁克(Andrew Braybrook),Graftgold 公司

35

> 遥想 2010 年，我还沉浸在《超级马力欧银河》中难以自拔。不过现在轮到我看着儿子玩游戏了。他已经完全掌握了 Wii Remote 手柄和 Wii Nunchuk 手柄，而且通关速度也比我快得多。不过他还太小，还看不懂游戏菜单和信息，所以就得由我读出来给他听。于是我们父子俩的感情就这样加深了！这游戏他当时玩了好几个月，现在也经常一玩就是好几个月。
>
> —— 阿彻·麦克莱恩（Archer MaClean），Awesome Studios

# 颠覆想象

## 见于：《超级马力欧银河》

**24** 《超级马力欧 64》这部 3D 平台跳跃游戏惊喜地获得开门红，但也给任天堂的后续作品开发留下了一座难以翻越的大山。起初大家担心《超级马力欧银河》会落入 Wii 平台游戏一贯的陷阱，在操控设置上大动干戈，适得其反。这种担忧在游戏发布后烟消云散，这一次任天堂另辟蹊径，将马力欧的核心跳跃机制带入外太空，通过各个星球上不同的重力设置，让玩家重新熟悉和适应不同的跳跃环境，从而带来了连老玩家都爱不释手的星际体验。

# 疯狂的多人模式

## 见于：《新超级马力欧兄弟 Wii》

㉕ 尽管任天堂已经在先前的马力欧游戏中引入过多人游戏元素，不过直到2009年，任天堂才真正打磨出完美的多人游戏机制，允许4位玩家合力完成游戏内精心设计的关卡。话虽如此，这并不意味着玩家间就能"和谐相处"。由于角色无法重合，你总能"不小心"把队友挤到沟里去。真是不小心的吗？不好意思，我们就是成心的。

后续的马力欧游戏并没有在多人模式上做多少文章，不过，那些追着队友满屏跑要把他们推到沟里去的人大概率也不会在意这个问题吧？

> 早期的《超级马力欧银河》的蛋蛋星银河（Good Egg Galaxy）中有一个带玻璃壳的胶囊状星球。这里充分体现了游戏的天才设计。打破外壳进入星球后，里面是一个2D的旋转平台挑战，我最后是利用重力变化过的关。在那一刻前，我还觉得这不过是又一个还不错的3D马力欧游戏。在那之后，我觉得这是一个具有颠覆意义的作品。
>
> ——尼克·索普（Nick Thorpe），资深员工及作家，《复古玩家》杂志

# 谁还需要酷霸王呀？

## 见于：《超级马力欧银河2》

(26) 尽管《超级马力欧银河2》（Super Mario Galaxy 2）继承了《超级马力欧银河》的大部分设定，没有大刀阔斧地改造几近完美的游戏设计公式，但它却依然成功地完成了创新，给玩家留下了深刻印象。有人甚至认为《超级马力欧银河2》比《超级马力欧银河》好。这么说当然是有原因的，老玩家当然不可能从与《超级马力欧银河》差不多一样简单的关卡中获得与游玩《超级马力欧银河》时相同的新鲜感，这时候就要靠精彩的 boss 战了。并非所有马力欧游戏的 boss 都那么棒，但和吞噬龙的决战可以算是精彩绝伦。战斗在半球形的战场上展开，随着战斗的进行，吞噬龙不断吞噬着战场，战场的形状也随之改变。

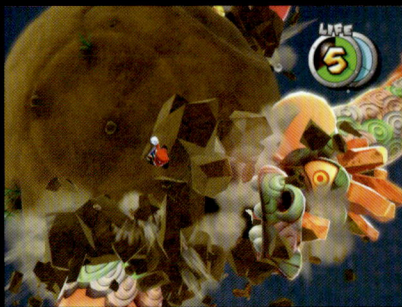

> 马力欧系列的游戏都很不错！我都很喜欢！但对我来说最有意义的还是第一部马力欧游戏。那个时候我还没找到工作，玩马力欧的时候，我灵光一现，'游戏行业！我可以在游戏行业里挥洒创意，创造艺术作品。'《超级马力欧兄弟》是我最喜欢的马力欧游戏，是它让我进入游戏行业。否则我很有可能不会在这个行业发展。
>
> ——稻船敬二，喀普康

## 不同时期的马力欧

- 《超级马力欧兄弟》
- 美版《超级马力欧兄弟 2》
- 《超级马力欧兄弟 3》
- 《超级马力欧大陆》
- 《超级马力欧世界》
- 《超级马力欧大陆 2》
- 《超级马力欧 64》
- 《超级马力欧阳光》
- 《新超级马力欧兄弟》
- 《超级马力欧银河》
- 《新超级马力欧兄弟 Wii》
- 《超级马力欧银河 2》
- 《超级马力欧 3D 乐园》
- 《新超级马力欧兄弟 2》
- 《新超级马力欧兄弟 U》
- 《超级马力欧 3D 世界》
- 《超级马力欧制造》
- 《超级马力欧：奥德赛》

# 全新视角

## 见于:《超级马力欧 3D 乐园》

(27) 在奇迹般一步到位地掌握了 3D 关卡设计后,任天堂在《超级马力欧 3D 乐园》(*Super Mario 3D Land*)中的 3D 设计没让我们操心。但 3DS 平台本身着实让人捏了把汗。主要是因为早期的 NDS 游戏为利用新主机特性而导致翻车的案例不胜枚举。不过,时至今日,《超级马力欧 3D 乐园》依然是唯一一款成功将 3DS 立体效果融入游戏之中的作品。游戏巧妙地运用 3D 效果的空间感打造出一个个充满谜题的房间,并利用视觉上的高度和深度感知创造出无数经典时刻。图中马力欧奋不顾身的一跃就是其中一个典型案例。

> 我最喜欢的马力欧精彩瞬间是和大家在街机厅里玩《森喜刚》的时候。我还记得我们是怎么帮助这个英勇的小水管工战胜森喜刚,让他颜面扫地的。我第二喜欢的马力欧精彩瞬间是我每次听到来自马力欧游戏的音效的时候。马力欧万岁!
>
> —— 特里普·霍金斯(Trip Hawkins),Electronic Arts 公司

# 金币大丰收

## 见于：《新超级马力欧兄弟 U》

**28** 马力欧和索尼克一直被视为同一枚硬币的两面，马力欧仔细谨慎，索尼克躁动疯狂。而一个新模式的诞生可能会解决这个长期存在的问题。马力欧意识到自己最终还是要加快脚步，于是就有了《新超级马力欧兄弟 U》（*New Super Mario Bros U*）的加倍模式。自动推进的关卡让你收集金币的速度大大加快。听起来挺灵活变通的，毕竟这年头到处都是速通玩家。任天堂的打磨和出品绝对可以满足你的期待，消除那些批评的声音，证明它仍旧是现代游戏业界屹立不摇的存在。

# 这么多金币，这么少时间……

## 见于：《新超级马力欧兄弟 2》

**29** 大多数经典的马力欧游戏关卡并不需要积累多少金币就可以过关，这让我们以为这位可爱的水管工视金钱如粪土。但《新超级马力欧兄弟 2》（*New Super Mario Bros 2*）却完全推翻了这种印象，让我们重新审视马力欧的金钱状态。在单一关卡内积累起惊人的财富成了该作的重点。你甚至可以在一个关卡中轻松积累起一整部前作才能积累到的金币。满眼的金币让关卡充斥着致命的吸引力，当你和另一位玩家共同游玩时，游戏就变得更有意思了。

这个全新的设计瞬间给游戏增添了高度竞争的元素，不仅让游戏充满乐趣，也巧妙地掩盖了这部 3DS 续作未能在精彩度上超越前作的遗憾。诚然，收集金币带来的新奇感并不持久，不过第一次看见满屏的金币的那种兴奋感也不失为整个马力欧系列里一个不错的调剂，同时也是这部游戏的高光之一。

# 做好事不留名的"幽灵们"

## 见于：《超级马力欧 3D 世界》

**30** 随着游戏设计越来越繁复，游戏中的隐藏要素也变得越来越难找。不过，这部 Wii U 平台的佳作利用妙趣横生的幽灵回放功能强而有力地化解了这个难题。随着探索的深入，你会看见周围其他玩家采取的路线。有些路线可能会引领你找到隐藏物品或区域，有的甚至会帮助你找到刷新最佳通关用时的捷径，至少它也能让你体验到和其他玩家进行跨时空比拼的快感，尽管其中有些玩家甚至根本不在线。

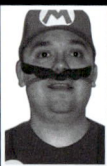

" 马力欧的游戏我都挺喜欢，但最喜欢的还是《超级马力欧 3D 世界》里的猫咪装。它让我的孩子和老婆一同加入多人模式中游玩。乍一看，你会以为猫咪装只是一个吸引玩家的噱头，但要不了多久你就会发现它大有用处。穿上它你就可以飞檐走壁，探索平时根本无法到达的地点。任天堂就这样摆脱了线性关卡的束缚，证明了它在游戏设计上的高明之处。在多人模式下游玩马力欧游戏可能会有点混乱，不过依然乐趣无穷。 "

——达伦 • 琼斯（Darran Jones），编辑，《复古玩家》杂志

## 接下来是什么呢？

谁能猜到将来会有什么样的冒险等待着马力欧呢？在《超级马力欧制造》（*Super Mario Maker*）里，你可以自己动手设计关卡；在《超级马力欧：奥德赛》（*Super Mario Odyssey*）里，你可以控制敌人，制造各种各样的疯狂闹剧。之后的游戏应该会有过之而无不及吧。

# 超级马力欧兄弟

» 平台: NES  » 开发商: 任天堂  » 发售时间: 1985年

《超级马力欧兄弟》的初期关卡就给玩家带来了不小的挑战——地上关卡、地下关卡、慢慢龟、栗宝宝，玩家一不小心还会跌入洞中就此丧命。而这一切的艰难仅仅是为了让你上手这款游戏。到了 World 1-4，难度全面升级。这座巨大的城堡充斥着更加艰险的挑战——满是熔岩的坑洞以及旋转的火焰路障，就连背景音乐都在暗示你这个关卡不容小觑。随着游戏的展开，还会有火球从屏幕右侧射出。

最后是你与宿敌酷霸王的第一次照面。他是一位令人敬畏的对手，不仅拥有比普通杂兵还要大得多的块头，而且连跳跃走位以及喷出的火球也更加难以预料。第一次跳向酷霸王多半徒劳无功，第二次可能会把马力欧变成烧烤马力欧，第三次尝试时你会发现酷霸王背后那把发光的斧子，越过酷霸王，摧毁桥梁，获得胜利。干得漂亮! ✱

## 小传

尽管《马力欧兄弟》一直是一款相当受欢迎的街机游戏，但《超级马力欧兄弟》却带来了前所未有的全方位升级，一举把前作"拍倒在沙滩"上。单屏游戏从此被充满对抗元素的横版卷轴游戏取代。丰富的战斗地点（包括地上、桥上、水下、地下，以及恐怖的城堡）、全新的敌人以及关卡最终 boss 带来挑战。在流行音乐史上流行几十年的朗朗上口的主题音乐。单这些原因就足以让你在海外版 NES 出炉时就下单购买，时至今日这个游戏仍然是一部值得游玩的经典大作。

# 更多《超级马力欧兄弟》精彩时刻

## 干掉它们

第一次跳到慢慢龟身上时，它的壳会留在原地。此时上前踢一脚，龟壳就会被你踢走。而且龟壳还可以当作武器使用。只要冲向龟壳并来上一脚，它就会帮你扫荡面前的所有敌人，获得更多分数。

## 短暂下潜

要是你以为通过了《超级马力欧兄弟》的第一关之后就什么都见过了，那你就大错特错了。这次马力欧不会从地下冒出来，而是通过水管进入大海。在这里，游动的鱼群和鱿鱼会给这位身材发福的水管工带来危险，不过，他仍然可以使用火之花防身。没错，火之花在水下依然有效！

## 血盆大口

这可是这个平台跳跃游戏里的壮举。只要全速奔跑并在合适的位置起跳，马力欧就可以从水管里冒出来的吞食花的头顶掠过，他可能会碰到吞食花，但却不会受伤。你很有可能在 World 4-1 被朱盖木追着跑的时候学会这个技能。

## 跳关区

跳关有的时候会有那种……怎么说呢……作弊的感觉。但《超级马力欧兄弟》通过跳关区这个设置，让你只能跳过游戏开发人员允许你跳过的关卡数。有时候能一下子跳过好几关，有时候只能跳过一关。你可能在为自己发现这个秘密沾沾自喜，殊不知这是宫本茂团队有意为之。

»图中英文意为：欢迎来到跳关区！

# 超级马力欧兄弟:失落的关卡

**挥之不去的童年阴影**

»FC磁碟机 » 1986 » 任天堂

《超级马力欧兄弟》的 World 1-1 可谓是关卡设计教科书般的存在。它教会你所有你需要了解的关于游戏的知识,从如何踩着栗宝宝跳得更高到如何够到关卡最后的旗子。

《超级马力欧兄弟:失落的关卡》的 World 1-1 也同样承载着新手教学的任务,但事情并没有这么简单。这一关上来就给玩家一个下马威,证实了关于游戏噩梦难度的传言。关卡的第一个强化道具藏在一个砖块里,玩家必须完成精确到像素的跳跃才能吃到。而第二个可拾取道具——毒蘑菇——完全反转了"强化道具"这个概念,非但没有强化马力欧,反而会伤害我们这位可怜的水管工。

然而游戏制作者显然不打算就这样放过玩家,他们设置了循序渐进的游戏难度。马力欧的对手被设置在各种别扭的位置,要非常精确地跳跃才能消灭他们。强化道具的位置也非常奇特。有个蘑菇设置在缺口正上方的空中,要吃这个蘑菇就会打乱马力欧的节奏,而且还可能让他落入深渊。

说真的,我小时候没通过几关《超级马力欧兄弟:失落的关卡》。因为我通关失败之后就果断放弃,转头回去玩《超级马力欧兄弟》了。

时至今日,在我成功通关了《黑暗之魂》( Dark Souls )和《超级食肉男孩》( Meat Boy )这些时下所谓的"高难度游戏"之后,我又再次挑战了《超级马力欧兄弟:失落的关卡》,打算一雪前耻,证明有了二十多年的游戏经验之后,我已经不是从前的那个我了。不出所料,游戏还是那个游戏。我花了差不多两小时才通关了 World 1-1,拿到了最后的旗子,搞得两手都是汗。

通关 World 1-1 的心情很复杂,因为攻克了 World 1-1 之后紧接着就是 World 1-2 的地下关卡,World 1-3 的噩梦升降台,不过 World 1-4 还行,虽然有酷霸王,但却出乎意料的简单。然而,World 2 让我这个二十几年来从没怒退过游戏的玩家怒退了。哎,有些事永远都改变不了,对吧?大概等到我六十多岁的时候就可以救出桃花公主了吧…… ✱

# MR. VIDEO GAME

## 马力欧成长史

为揭秘这位任天堂最受欢迎的游戏角色，《复古玩家》杂志社特意邀请了业内知名人物分享他们关于马力欧的独家记忆，全方位披露这位水管工从大力水手替代品到文化标志的"上位"史。

为了充分了解马力欧为什么依然是最受认可、最出名、最"长寿"的游戏角色，我们必须从电子游戏行业刚刚兴起的时候说起，那时马力欧对于公众来说比较陌生。那个时候，电子游戏的一切都让人感到新鲜，而我们只能通过游戏机以及电子游戏创作者的想象力与这些虚拟世界相连。如今的游戏行业，曾经的趣味和创意已经被逼真度和形形色色的流行趋势取代，与20世纪80年代任天堂着手改造的那个游戏行业已经大不一样了。

　　每个新出的沙盒RPG-lite射击游戏都似曾相识，整个游戏行业的发展正在从各个角度趋向一致。要制作符合现代潮流的游戏需要耗费大量资金，仅有极少数游戏开发公司及发行商有钱掌握游戏开发的主导权。尽管技术上

（下转第53页）

## 超级马力欧高光作品一览

1985年
《超级马力欧兄弟》

1986年
《超级马力欧兄弟：失落的关卡》

1988年
《超级马力欧兄弟2》（美版）

1988年
《超级马力欧兄弟3》

1995年
《超级马力欧世界2：耀西岛》

1992年
《超级马力欧大陆2：6个金币》

1990年
《超级马力欧世界》

1989年
《超级马力欧大陆》

1996年
《超级马力欧64》

2002年
《超级马力欧阳光》

2006年
《新超级马力欧兄弟》

2007年
《超级马力欧银河》

2010年
《超级马力欧银河2》

2009年
《新超级马力欧兄弟Wii》

# 电子游戏先生

## 水管工的职业生涯

那些年这位多才多艺的水管工为任天堂打过的工……

### 木匠
《森喜刚》（*Donkey Kong*）1981 年

马力欧的第一份工作是《森喜刚》里挥着锤子的木匠。灵感很可能来源于任天堂在 Game & Watch 上开发的一系列贴近普通人生活场景的游戏。

### 水管工
《马力欧兄弟》（*Mario Bros*）1983 年

做了两年的木匠之后，马力欧在《马力欧兄弟》里转行做起了水管工，还兼职一些奇怪的杀虫工作。在之后的《马力欧兄弟》续作中，他保留了这个形象。

### 网球裁判
《网球》（*Tennis*）1984 年

每逢周末，马力欧会兼职做网球裁判赚一些外快。后来他发现打球赚的比做裁判多，于是他索性拿起球拍亲自下场打起了网球。

### 拳击裁判
《拳无虚发》（*Punch-Out!!*）1987 年

马力欧的网球裁判生涯成功地引起了任天堂拳击委员会的注意，在后者的邀请下，马力欧在 Famicom/NES 版《拳无虚发》中当起了拳击裁判。

### 医生
《马力欧医生》（*Dr. Mario*）1990 年

担任拳击裁判大捞一笔之后，马力欧告别拳场进入医学院进修。他仅花了两年时间就拿到了博士学位、在"吉尼斯世界纪录"上留下了属于自己的光辉记录。

### 高尔夫球运动员
《马力欧高尔夫公开赛》（*NES Open Tournament Golf*）1991 年

和许多医生一样，马力欧在手术台上忙活一天之后也选择打高尔夫解压。没有比击球入洞更好的放松方式了。

## 马力欧独家记忆

**吉姆·巴格利（Jim Bagley）**
资深Spectrum程序员

我第一次在新布莱顿（New Brighton）的街机厅里看到马力欧的时候是1981年，《森喜刚》就是那一年发售的。《森喜刚》是永远的经典，而且也是个不错的游戏，其他马力欧游戏我也很喜欢。《超级马力欧兄弟》就特别厉害，我现在都很喜欢玩。虽然我的小侄子比我先通关，但我仍旧喜欢这款游戏。另外，没有《马力欧卡丁车》（Mario Kart）的马力欧游戏清单是不完整的。我最喜欢N64版本，当时我的侄子、侄女、妹妹和我经常在周末玩，所有人都笑疯了，特别是在瓦力欧竞技场里挤掉对手的时候。《新超级马力欧兄弟》（New Super Mario Bros）也是不得不提的一款游戏，也是我很喜欢的一款游戏。我喜欢它独创的设计，比如可以变大然后冲刺通关。如果非要在这4款游戏里选一个最喜欢的，我还真选不出来！它们在我心目中都占据着重要的位置。为什么马力欧能成为经久不衰的游戏角色？因为马力欧自己也在与时俱进，而且宫本茂也是难得一见的天才。

**约翰·卡马克（John Carmack）**
id Software公司联合创始人

我从《森喜刚》时期就开始关注马力欧了，id Software也可以说是站在内部克隆版《超级马力欧兄弟3》的肩膀上建立起来的。《超级马力欧64》之后，我没怎么关注游戏，但我和儿子最近几年的相处让我再次关注马力欧。我们昨晚收集到了《超级马力欧银河2》的第66颗星星，并且通关了所有的马力欧老游戏。这些游戏现在看来仍然相当有趣。谢谢你，宫本茂先生！

**凯文·汤姆斯（Kevin Toms）**
《足球经理》（Football Manager）制作者

我记得第一次认识马力欧是在任天堂的初代卡带机上。想到马力欧，就想到他矮矮胖胖、憨厚可爱，戴着一顶红色鸭舌帽的形象。如果要我选个最喜欢的马力欧游戏，我会选N64版本的《马力欧卡丁车》。马力欧在游戏里展现出的人格特色——积极向上、人见人爱、阳光快乐是他经久不衰的魅力。大多数人都乐意和这样的人相处，所以谁能不喜欢马力欧呢？

Hudson Soft 公司曾推出两款日本家庭电脑版《马力欧兄弟》游戏。

初代《超级马力欧兄弟》在今天依旧表现不俗。这点我们可以保证，毕竟我们昨天才玩过一遍。

**（上接第 50 页）**

马力欧的初登场是在《森喜刚》里，而森喜刚这只猩猩为任天堂打响了第一枪。

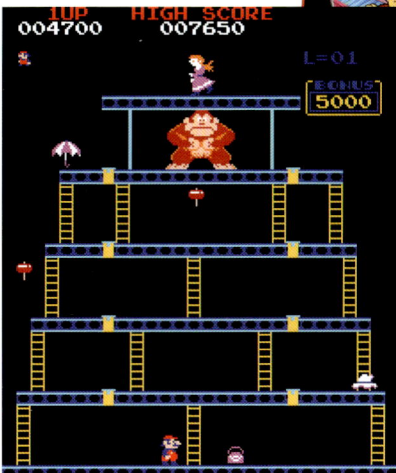

我们已经可以做出色彩极为丰富的游戏，但游戏产品本身却已经不如从前那般多姿多彩。为什么 Wii 能成为同时代主机里的佼佼者？为什么《超级马力欧银河 2》能在全球收获良好口碑？答案对每个 20 世纪八九十年代的玩家来说不言而喻。任天堂再一次证明了趣味和创意才是最重要的。

这就是为什么大部分玩家都能不假思索地回忆起初遇马力欧的场景。马力欧能一下子把玩家带回到那个游戏蓬勃发展的年代，那个以他的名字为代名词的年代。许多正在阅读本文的读者大概都在街机或者家用电脑上玩过《森喜刚》这款游戏。游戏里初出茅庐的马力欧还顶着"跳跃人"这个简单直白的名号，人物设定也不是传统意义上的英雄形象。这位家喻户晓的英勇水管工在当时还只是一个木匠。随后，马力欧的人物性格、名字、职业都迎来了改变。宫本茂随即敲定了马力欧特点鲜明的造型设计，而且仅在后来的几年做了一些微调。

作为早期的游戏角色，马力欧的形象设计受到了当年技术水平的限制——戴红色鸭舌帽是因为可以为宫本茂省去为马力欧画头发的麻烦，长着大鼻子是因为这样能让玩家一眼就看出来马力欧是个人，身着大红色背带裤是为了能让马力欧从《森喜刚》昏暗的背景中凸显出来，而马力欧的大胡子也是出于诸如此类的原

（下转第 56 页）

## ⚙ 马力欧独家记忆

**乔恩·黑尔（Jon Hare）**
Sensible Software公司联合创始人

我第一次见到马力欧是1980年左右，在街机厅里的《森喜刚》游戏中。说实话，当时我并没有特别留意到这个人物，因为他没什么特别的。我反而觉得那只大猩猩才是游戏里最出彩的角色。我最喜欢的马力欧游戏是N64上的《马力欧高尔夫》（Mario Golf）。游戏的上手过程是我见过最丝滑的。我花了一整年时间想集齐所有奖杯，但一直没能拿到最后的那个奖杯，始终差那么一点。续作里最好的是《超级马力欧64》和《马力欧卡丁车》。我认为马力欧经久不衰的原因是他良好的普通人人设，既有趣又不惹人嫌，而且还有一大堆给他增光添彩的配角。宫本茂是唯一能让我佩服得五体投地的游戏制作者。

《梦工厂悸动恐慌》看起来很像《超级马力欧2》，那是因为《超级马力欧2》中95%的内容都来源于它。

## ⚙ 马力欧独家记忆

**斯科特·米勒（Scott Miller）**
Apogee Software公司创始人

我对马力欧的最初印象当然是玩《森喜刚》的时候了！第一次在街机厅里发现这款游戏的时候，我就知道这是个特别的游戏。游戏角色很有意思，玩法独特多元，一切都经过精心打磨。第一眼看到游戏我就知道它是一个新时代的开端，但谁也没预料到这个又矮又胖的水管工能如此长盛不衰！

### 亚历克斯·特罗尔斯（Alex Trowers）
#### Bullfrog经典游戏设计者

　　我第一次见马力欧应该是在《超级马力欧兄弟》里，因为在《森喜刚》里马力欧还叫"跳跃人"。我觉得《超级马力欧兄弟》有些平庸，尽管它的游戏机制允许你从下方击倒东西，有双人模式，但它整体上没什么新意。不过我很喜欢街机版《森喜刚》，ColecoVision版的也很不错，我和家人在上面创造了超高分的战斗纪录。另外，我还记得我在一家当地的烤肉店里的Nintendo Play Choice 10上玩过某个版本的《超级马力欧3》，特别好玩。马力欧一夜之间多了好多有意思的本领，很有意思。说到我最喜欢的马力欧游戏，FC上的《超级马力欧世界》和N64上的《超级马力欧64》这两个我真的不知道选哪个好。日版SFC发布的那段时间，Imagineer公司的人带过来一台给我们。上面有两个游戏：《F-Zero 未来赛车》（F-Zero）和《超级马力欧世界》。我们玩得太认真，导致机器过热，结果把主机给烧坏了。

　　《超级马力欧世界》是我用日语通关的游戏之一。我当然看不懂游戏内的提示性文字，所以尽管马力欧有很多本领，但我一无所知。我完全不知道还能向空中扔龟壳。也就是说，为了击败最终boss，我得在前期的关卡中拿到斗篷，还得无伤通过最后一个城堡。到了boss关卡，我还得在屏幕的一边等着boss扔一个慢慢龟下来我才能开跑。跳跃、击打、捡龟壳都要一气呵成，然后再借着冲刺的动力飞到屏幕顶部，把龟壳扔下来砸boss。我当时觉得这游戏还是有点难的。

### 约翰·罗梅罗（John Romero）
#### id Software公司联合创始人

　　我第一次见马力欧是在加利福尼亚州罗斯维尔（Roseville）市的一个叫"Supercade"的街机厅里。当时是1981年的一个周末，跟我一起的还有我的朋友罗伯特（Robert）。那段时间正是新游戏层出不穷的时候。我们去的那家街机厅在那个周末正好上了一款叫《森喜刚》的新游戏。我们选择了这款游戏，投了币，然后忘我地玩了好几个小时。激烈对战后，我们发现自己爱上了这款新游戏，也爱上了一个叫"跳跃人"的木匠，也就是4年后大名鼎鼎的"马力欧"。我们非常喜欢马力欧的像素画风、可爱的动画以及更加可爱的音效。他的任务是救出公主，以及用锤子灭火。我们很喜欢这种荒诞感，这和当时游戏普遍流行的超级抽象风格非常契合。对我来说，《超级马力欧3》是巅峰之作。这游戏太了不起了。把初代NES的性能发挥到了极致。卡带的储存空间也被用到了极致——游戏的体量在当时算大的了，而且要花不少时间才能通关。我当时是在 *Gamer's Edge* 杂志社的我的办公室里玩的，身边坐着正在写代码的约翰·卡马克（John Carmack）。

（上接第 53 页）

因设计的。不过马力欧的横空出世也许是机缘巧合，只是当时的任天堂可能并不这样认为。

### "我会把你救出来的，女士！"

在构思出《森喜刚》前，宫本茂原本的打算是以时下流行的 King Features Syndicate 公司的动画片《大力水手》（Popeye）里的人物为主角设计一款街机游戏，但因为任天堂没能拿到授权许可，所以宫本茂不得不构思出 3 个全新的主角。就这样，在明显从 1933 年的经典定格怪物电影《金刚》（King Kong）中获得了灵感后，宫本茂创作出了跳跃人（Jumpman）、女士（Lady）、森喜刚（Donkey Kong）3 个人物来分别代替大力水手波比（Popeye）、奥利弗（Olive Oyl）和布鲁托(Bluto)。

而当《森喜刚》进军北美市场时，任天堂不得不在本地化过程中对跳跃人进行重命名。即使如此，任天堂依然打算通过宫本茂接下来的游戏作品将马力欧塑造成公司的吉祥物。基于这个定位，宫本茂为马力欧想到的第一个新名字是"电子游戏先生"（Mr. Video）。这个名字明显来源于任天堂的首任吉祥物"Game & Watch 先生"（Mr. Game & Watch）。

然而，跳跃人的新名字并未就此敲定。电子游戏行业内最怪异的传闻之一是，当时的美国任天堂为了在当地站稳脚跟，打算从一位名叫马力欧 · 西加列（Mario Segale）的建筑大亨手中租用仓库。据说这位大亨的长相与跳跃人异常相似，而当时的美国任天堂负责人荒川实伸留意到了这个巧合，索性给跳跃人取了个小名叫"马力欧"，自此"马力欧"这个名字就这样延续了下来。更有趣的是，马力欧 · 西加列正巧从事建筑行业，这与《森喜刚》的关卡场景不谋而合。我们无从得知西加列先生是否真的拥有过一只时不时搞点恶作剧的大猩猩，但应该不太可能。

在跳跃人改名后，"女士"也更名为"宝琳"（Pauline），游戏的本地化工作得以完成，任天堂在美国市场推出《森喜刚》游戏并收获巨大成功。游戏收获的数百万美元也帮助任天堂开发出了公司的第一部家用机 Famicom。然而为任天堂赚得盆满钵满的并不是马力欧，而是森喜刚。尽管森喜刚在《森喜刚》中的形象是一只又壮又傻的反派猩猩，但是他霸气的姿态和卡通质感

### 马力欧独家记忆

**尤金 · 贾维斯（Eugene Jarvis）**
*街机界传奇人物*

我对马力欧最早的印象是《森喜刚》。这个角色实在太搞笑了。为什么一个木匠要去救一个被大猩猩抓走的公主？《超级马力欧兄弟》是有史以来最了不起的游戏。这个游戏已经深深地刻在了我的脑海里。马力欧是当之无愧的电子游戏明星。经历了风风雨雨后，他已经成为占据人类 30 年时光的集体记忆。即使哪天地球上所有的蟑螂都消失了，马力欧也不会消失。

让他成为该游戏最出彩的人物。也许正是因为这个原因，马力欧在 1982 年该游戏的续作《森喜刚 Jr.》（Donkey Kong Jr.）中扮演了反派角色。

尽管如此，任天堂显然不打算把马力欧塑造成一个彻头彻尾的反派角色。在《森喜刚 Jr.》推出的同年，任天堂就为马力欧打造了属于他自己的游戏，不仅让马力欧担任英雄角色，还附赠了他一个身着绿色背带裤的兄弟——路易吉。这部游戏就是《马力欧兄弟》（Mario Bros）。游戏的画风和玩法都很像 Williams 公司在此前推出的街机游戏《鸵鸟骑士》（Joust）。马力欧和他的好兄弟在纽约的地下管道中打怪通关。这也是兄弟俩第一次作为水管工登场。据说这种职业设定也是为了迎合游戏地下管道的场景设置。在这样的设定下，兄弟俩在地下管道里清理着入侵城市的害虫，这反而让兄弟俩看起来更像杀虫专家。尽管如此，游戏不仅确定了兄弟二人水管工的职业，还引入了一些常见的敌人，包括慢慢龟的前身"乌龟怪"（Shellcreepers）以及令人生厌、浑身带刺的敌人"刺刺龟"（Spinies）。此外，《马力欧兄弟》引入了收集金币的奖励关卡、顶砖块，以及踢走昏迷敌人的概念，而这些设定都成了马力欧系列的核心元素。

《马力欧兄弟》刚推出时并没有在街机游戏领域激起多大的水花，其反响远比不上《森喜刚》。但游戏在北美的 NES 上推出后，却大受欢迎。Hudson Soft 公司甚至在任天堂的授权下推出了两部基于该游戏的日本家庭电脑版游戏，并设计了全新的原创关卡和游戏机制。第一部游戏叫《马力欧兄弟：特别版》（Mario Bros Special），它在原游戏的基础上进行了升级，玩家必须一路过关斩将到达每一关顶部的出口。第二部游戏叫《拳击球马力欧兄弟》（Punch Ball Mario Bros），这是一款基于躲避球开发的游戏，马力欧兄弟要用球击打地下敌人和开关。Hudson Soft 公司此后还推出了自己的《超级马力欧兄弟》，叫作《超级马力欧兄弟：特别版》（Super Mario Bros Special）。这部折腾人的家庭电脑版马力欧游戏含有全新的关卡、令人抓狂的关卡设计，以及让人上火的"卡顿式"画面推进模式，不过这反而体现了流畅的卷轴模式对原版《超级马力欧兄弟》的成功有多重要。

不过这都是后话了，这时候的马力欧还没升级成超级马力欧呢。事实上，我们无从考证《马力欧兄弟》里马力欧跌落不致死的能力是否意味着宫本茂曾经考虑过为马力欧赋予超能力（要知道在《森喜刚》里马力欧可是连膝盖都弯不了）。尽管如此，直到 1985 年的《超级马力欧兄弟》，我们这位传奇的游戏设计

有谁不记得 World 1-2 的这个小秘密呢？谁说跳关不义必自毙？一定是那些没玩过《超级马力欧兄弟》的人。

者才为马力欧赋予真正的超能力。不过，在这个具有分水岭意义的时刻前，马力欧一直兢兢业业地扮演着"电子游戏先生"（Mr. Video）这个角色。你可以在各种游戏里见到这位多才多艺的小胖子。他出现在同年的 NES 游戏《弹珠台》（Pinball）的奖励关卡里，还在 1984 年的《网球》（Tennis）里客串过。有人甚至把 1984 年的《高尔夫》（Golf）里的那个大胡子高尔夫球手"大叔"（Ossan）误认作马力欧，因为他俩长得实在太像了。

### 终于等到你，超级马力欧……

《超级马力欧兄弟》在许多层面上看都是该系列发展过程中自然而然的结果。通过引入《森喜刚》之后火起来的"英雄救美"设定和双人游戏模式，任天堂将《超级马力欧兄弟》打造成了一款具有颠覆性意义的横版卷轴平台跳跃游戏。游戏场景设定在遍地蘑菇的蘑菇王国，"超级"这个

**杰米·伍德豪斯（Jamie Woodhouse）**
《超级酷鸭》（Qwak!）制作者

我非常肯定我第一次接触马力欧是 NES 上的《马力欧兄弟》。我印象里那是个非卷轴的固定画面游戏，不停有乌龟钻进屏幕底部角落里的管道，再从屏幕顶部角落里的管道中冒出来。游戏角色的形象简单而又不失趣味，憨态可掬。我最喜欢的马力欧游戏应该是 Game Boy 上的《超级马力欧大陆》，玩起来简单又有趣，而且画面也不复杂。不过最重要的原因当然是可以随时随地玩游戏！马力欧的魅力大概是源于他的性格吧。我意思是，他不是那种特别暴力的人，对吧？而且他的出发点是铲除邪恶的 boss，拯救女友。咦，这是另一部游戏了吧？有大猩猩的那个？我觉得大概是因为他不是那么暴力，又有非常正义的目的，所以能引起大家的共鸣。再说，拍拍任天堂的马屁能有什么坏处呢？

形容词来源于马力欧兄弟吃下神奇蘑菇之后的反应。蘑菇是游戏内的一种强化道具，吃下它之后，马力欧和路易吉的身体会变大，变大之后的身体可以像护盾一样抵御伤害，不过代价就是很容易被敌人击中。而吃下火之花这个强化道具之后，这两位水管工才算是拥有了真正意义上的超能力——身体周围会有一圈白光，而且还可以扔火球。

在 1991 年出版的《马力欧狂粉指南》（Mario Mania Player's Guide）一书中，宫本茂揭露了游戏里马力欧兄弟身体变大这一经典设定的由来："我们开发的编程技术可以让我们创造出比原先预想的还要大的人物形象。起初，我们打算让玩家自始至终都用'大型'马力欧玩游戏，但最后我们想出了强化蘑菇这个点子，让马力欧成为'超级'马力欧。"

《超级马力欧兄弟》因其独具创意的玩法、优质的视觉效果、极其"洗脑"的音乐、丝滑的卷轴游戏体验以及游戏内极为丰富的秘密元素受到好评。其中最出名的一个秘密就是在 World 1-2 中马力欧可以进入游戏上方区域，这在当时是一个非常惊艳

的设计。而更妙的是，玩家在找到这个秘密区域后还可以跳到后续关卡。

《超级马力欧兄弟》的 4000 万份辉煌销量主要归功于 Famicom/NES 的成功，而这款游戏的流行也拯救了在 1983 年全面溃败的北美主机市场。事实上，《超级马力欧兄弟》仍保持着史上销量第二高的游戏的纪录，去年[1]才被《Wii 运动度假胜地》（*Wii Sports Resort*）超越。这就是一个游戏可以为整个游戏产业带来的影响。

不过，《超级马力欧兄弟》并非于 1985 年发售的唯一一款马力欧游戏。在鲜为人知的 NES 游戏《拆屋工》（*Wrecking Crew*）中，马力欧早期的街机游戏风格得以延续，马力欧也重新拿起了那把标志性的木匠锤子和路易吉开启了冒险之旅，让玩家可以同时体验砸东西的快感及解谜带来的乐趣。在《拆屋工》这款游戏里，马力欧和路易吉的跳跃能力受到了限制，不过兄弟俩可以满屏跑，破坏砖块和柱子通关。不仅游戏里的一切都可以砸，游戏本身还允许玩家自己设计关卡。尽管《拆屋工》构思精巧，但它还是被《超级马力欧兄弟》 的巨大光环埋没了。

如果非要我们选出一个系列最佳游戏，我们会选择《超级马力欧兄弟 3》。这是个超前于那个时代的游戏，也是马力欧系列作品中游戏体验最好的。

**"马力欧在拯救美国电子游戏行业方面发挥了巨大作用"**

## 续作恐慌

如果非得说出一件苦恼的事情，那就是续作让 8 位机时代的任天堂了。尽管《森喜刚 Jr.》是一款相当有意思的续作，但它看起来真的很像那个紧张刺激、引人入胜、让人爱不释手的《森喜刚》游戏的补丁。《塞尔达传说 2：林克的冒险》（*Zelda II: The Adventure of Link*）虽然表现尚佳，但时至今日仍旧是许多玩家眼中该系列最差的作品之一。《超级马力欧兄弟》系列也没能逃过这一劫。

在《超级马力欧兄弟》大获成功后，任天堂顺理成章地将重点转移到了如何利用游戏的名气赚钱上，并迅速推出了专门针对 Famicom Disk System（Famicom 磁碟机，以下简称"FC 磁碟机"）的专业玩家版续作以满足市场需求。1986 年，《超级马力欧兄弟 2》在日本推出。这是一款仅供单人游玩的游戏，玩家只能

在"以马力欧开启游戏"（Mario game）和"以路易吉开启游戏"（Luigi game）之间二选一，而兄弟俩也被赋予了不同的属性——马力欧跑动时更易急停，路易吉跳得更高。此外，在加入了毒蘑菇和更具攻击性的敌人后，游戏的难度也进一步提升。但当游戏送到北美时，美国任天堂指出游戏与前作过于相似，认为其不足以称得上是续作，并且游戏对西方玩家来说难度过高。因此，任天堂不得不针对问题迅速调整，继而将《梦工厂悸动恐慌》（Yume Kojo: Doki Doki Panic）——宫本茂团队开发的另一款平台跳跃类游戏——换皮作为《超级马力欧兄弟》续作推出。

《梦工厂悸动恐慌》是一款在日本发售且销量欠佳的 FC 磁碟机游戏，而这很有可能是游戏的 FC 磁碟机专用游戏性质造成的。所以，任天堂灵机一动，将游戏内的 4 个阿拉伯人主角替换成马力欧、路易吉、奇诺比奥、桃花公主，重新包装，然后在西方上市。在那个互联网没有普及的时代，任天堂的这一妙计巧妙地瞒过了绝大多数人。后来，日版续作重置为《超级马力欧兄弟：失落的关卡》收录在《超级马力欧全明星》（Super Mario All-Stars）里并于 1993 年在超任（Super Nintendo）[1]上发售，我们才终于得以挑战这款正统的马力欧续作。

为了让换皮作品中那些残留的阿拉伯元素看起来更合理，任天堂还对游戏的故事进行了改编：马力欧做了个梦，来到了一个叫"梦幻大陆"（Subcon）的世界，他要在这里战胜邪恶的青蛙霸王，拯救被奴役的幼小仙子们。游戏的换皮属性也解释了为什么游戏里的许多敌人在后续的马力欧游戏里再也没出现过，以及马力欧和他的朋友们的奇怪攻击方式——不同于以往踩敌人的攻击方式，他们反而通过拾起物品和敌人扔向敌人进行攻击。

换皮后的《梦工厂悸动恐慌》游戏成为《超级马力欧兄弟 2》于 1988 年在美国发售，并且成为 NES 的热销游戏，也是该主机上销售排名第三的游戏，甚至超过了《塞尔达传说》（The Legend of Zelda）。由于游戏的成功，该版本后续作为《超级马力欧 USA》（Super Mario USA）于 1992 年在日本发售。

### 触电好莱坞

20 世纪 80 年代末，马力欧热潮开始涌现，任天堂乘胜追击推出了马力欧系列的又一部新游戏，将这股势头进一步推向高潮。这部叫作《超级马力欧兄弟 3》的游戏至今仍是大部分粉丝心里的系列最佳。任天堂花了两年时间打造出的《超级马力欧兄弟 3》加入了更多在该系列作品中独特的设定，包括但不仅限于大地图、让玩家想怒砸显示器的巡逻霸兵、拼图小游戏、八大世界之间多样的通行路线、可以强化马力欧兄弟的服装道具、允许你将没用完的道具带入下一关的背包，以及其他比吹跳关哨子还厉害的秘密。

---

①即"超级任天堂"，是任天堂开发的家用游戏机，该游戏机的日版简称为"SFC"（Super Famicom），欧美版简称为"SNES"（Super Nintendo Entertainment System）。——译者注

1989 年，为了给游戏在美国发售造势，《超级马力欧兄弟 3》在北美发售前几个月就借电影《小鬼跷家》（*The Wizard*）抢先与美国观众见面。电影的高潮是一场电子游戏大赛，而决赛选手玩的正是《超级马力欧兄弟 3》。可能是出于任天堂的要求，游戏在电影里的登场方式极富戏剧性，整个过程像展出人类艺术珍品一样。事后看来，我们兴许不该苛责任天堂，因为《超级马力欧兄弟 3》也堪称一件伟大的艺术品。

马力欧在同一年的市场宣传不仅于此，还有一部动画实景秀——《超级马力欧兄弟超级秀！》（*The Super Mario Bros Super Show!*）。节目的结构略显古怪，由首尾各 10 分钟的动画短篇以及中间的实景秀组成。其中的马力欧兄弟实景秀以奇怪的真人情景喜剧方式展现，路易吉由丹尼 · 韦尔斯（Danny Wells）扮演，而马力欧则由 WWF 摔跤手"队长卢 · 阿尔巴诺"（Captain Lou Albano）扮演。节目中，二人在一个寒酸的纽约公寓布景中轮流和空降的明星嘉宾交谈，台下坐着一脸茫然的观众。有几期节目主持人甚至装扮成女版的马力欧和路易吉，并分别取名"马力安娜"（Marianne）和"路易吉娜"（Luigeena）。如果你觉得《马力欧兄弟》的电视节目做成这样已经很诡异了，那么 1989 年和 1990 年假日季推出的《酷霸王酷卡通》（*King Koopa's Kool Kartoons*）就算得上是震惊了当时的南加利福尼亚州人民。这是一档小丑库斯提（Krusty the Clown）风格的儿童电视节目。节目里有个打扮成酷霸王的人向屋里的小朋友介绍动画片，而这群小朋友在节目里被亲切地称为"慢慢龟"。

1989 年也是 Game Boy 发售的年份，马力欧为了他在便携掌机上的第一次正式冒险减掉不少肥肉。这款游戏就是《超级马力欧大陆》。该作由《森喜刚》的设计者之一及《密特罗德》（*Metroid*）和《光神话：帕鲁迪娜之镜》（*Kid Icarus*）的制作人横井军平负责，在日本和北美市场均有发售。横井军平的独立参与也使该游戏成为 Game Boy 上别具一格的马力

# 从木匠到宇航员
## 马力欧进化史

跳爆人》-1981 年
《马力欧兄弟》-1983 年
《超级马力欧兄弟》-1985 年
《超级马力欧兄弟 2》（美版）-1988 年
《超级马力欧兄弟 3》-1988 年
《超级马力欧世界》-1990 年
《超级马力欧 64》-1996 年
《超级马力欧阳光》-2002 年
《超级马力欧银河》-2007 年

这部多彩的《超级马力欧世界》严格遵循了《超级马力欧兄弟3》的模板。

## 马力欧独家记忆

### 加里·布雷西（Gary Bracey），软件工程师，Ocean Software公司

20世纪80年代早期我基本沉浸在各种街机厅里，所以早在《森喜刚》这款游戏里我就认识马力欧了。我记得马力欧应该是我当时见过的第一个"人类"游戏角色，其余的游戏角色都像《太空侵略者》（Space Invaders）和《吃豆人》（Pac-Man）中的卡通或者抽象形象。我第二次邂逅马力欧是Ocean Software公司拿到第一部《马力欧兄弟》改编权的时候，不过那款游戏称不上惊艳。然而，当我发现NES版《超级马力欧兄弟》时，我太惊喜了，花了好几个星期玩这款游戏，通关之后我又玩了一遍！这游戏算是少数没有做出妥协的游戏续作。任天堂把这款游戏和塞尔达视为其游戏设计的标杆和主机换代作品。如果他们发售的续作没有达到这个标准，不仅影响整个系列给人的观感，还很有可能会对他们的主机销售造成影响。马力欧这个角色本身对任天堂来说就像米老鼠之于迪士尼一样，只不过马力欧更现代。这些年来，任天堂一直都让马力欧与主机性能的发展保持步调一致，所以生于几个像素的马力欧现在已经成为一个有血有肉、有魅力的人物形象了。马力欧本身就足够支撑我购买新一代任天堂主机，这也是对任天堂最好的赞美方式。

### 特里普·霍金斯（Trip Hawkins）Electronic Arts公司创始人

我第一次见到马力欧是30多年前在硅谷的一家街机厅里玩《森喜刚》的时候。宫本茂先生是电子游戏行业历史上最杰出的游戏制作者，马力欧的影响力无处不在。

欧作品，也给游戏打上了横井军平的烙印。游戏中被踩踏之后的慢慢龟会变成定时炸弹，某些敌人被击中后还会变成一堆白骨。横井军平早期作品中的一些元素也巧妙地融入了游戏中，比如，《超级马力欧大陆》的地下风格关卡就致敬了《密特罗德》的关卡3-4，而游戏最终关卡里马力欧驾驶飞机进行射击的场景也与《光神话：帕鲁迪娜之镜》的最终关卡十分相似。可能是由于马力欧的名气以及Game Boy的高市场占有率，《超级马力欧大陆》收获了巨大成功，一飞冲天卖出了1400万份。这也促使了两部续作的诞生：《超级马力欧大陆2：6个金币》和《超级马力欧大陆3：瓦力欧大陆》（Wario Land: Super Mario Land 3）。《超级马力欧大陆2：6个金币》将邪恶的翻版马力欧——瓦力欧引入系列中。而《超级马力欧大陆3：瓦力欧大陆》则是瓦力欧这个面相凶恶的反派第一次作为玩家可操控角色登场。

第4代游戏主机的到来令人兴奋不已。街机市场和主机市场都在蓬勃发展。NES成功将游戏带回北美市场。世嘉发售了Mega Drive，正式带头进入新兴的16

位电子游戏时代。而此时马力欧已经是全球家喻户晓的游戏角色了，玩家们都在期待着任天堂的下一部作品，尤其是和游戏一起发售的全新 16 位游戏主机。

　　1990 年发售的《超级马力欧世界》严格遵循了《超级马力欧兄弟 3》的模板。这一次，宫本茂团队并没有将重点放在游戏的创新上，而是致力于运用超任的性能优势打造出一款类似于升级版《超级马力欧兄弟 3》的游戏。游戏去掉了趣味小游戏和储存空间，给马力欧来了一次形象大改造，还为他配置了一系列强化道具，其中包括一件可以让马力欧短时间飞行的黄色斗篷。马力欧还多了一个叫"耀西"的朋友，这只长相可爱的绿色恐龙可以用舌头抓住敌人。这个设定很可能来源于任天堂大热的"超级怪手"（Ultra Hand）玩具，而"耀西"（Yoshi）这个名字可能来源于任天堂的时任社长山内溥（Hiroshi Yamauchi）。当然，这些纯粹都是本杂志社的猜想。

　　其实早在《超级马力欧兄弟》发售后，宫本茂就有了给马力欧设计一个恐龙坐骑的想法。这个想法据说来源于他制作的另一款叫《越野摩托》的游戏。在《马力欧狂粉指南》（Mario Mania Player's Guide）一书中，宫本茂在回答团队如何为马力欧系列构思续作的问题时，曾这样解释耀西的延迟登场："游戏一发售我们就觉得再创作一个续作兴许不错，而且我们有一大堆之前无法实现的构思。耀西就是一个典型的例子。在制作初代《超级马力欧兄弟》后，我们就有了让马力欧骑上恐龙的想法，但苦于技术限制无法实现。SNES 出世后，我们才终于得以落实这个想法。"

　　继《超级马力欧世界》后，任天堂乘胜追击推出了《超级马力欧卡丁车》。该游戏随即成了该平台最畅销的赛车游戏，以及马力欧最成功的衍生系列游戏。马力欧此时已经成为一个文化符号，这是任天堂多元创造力的体现。而马力欧的迅速蹿红也引起了电影公司的注意，电影公司想借马力欧的名气大捞一笔。就这样，马力欧和路易吉通过 1993 年的游戏改编电影《超级马力欧兄弟》登上了大银幕。电影由鲍勃·霍斯金斯（Bob Hoskins）、约翰·雷吉扎莫（John Leguizamo）、丹尼斯·霍珀（Dennis Hopper）分别扮演马力欧、路易吉、酷霸王。然而，电影内容却抛弃了游戏原本的设定，整体感觉就像把马力欧兄弟生硬地塞到了劣质版的《全面回忆》（Total Recall）里。最终，前期大量的宣传炒作也未能拯救这部电影，《超级马力欧兄弟》真人电影票房惨淡，巨额投资大打水漂。此后，马力欧再也没有和好莱坞合作过。马力欧的下一部超任大作是《超级马力欧世界 2：耀西岛》（Super Mario World 2: Yoshi's Island）。游戏中，马力欧和路易吉变成了婴儿，玩家需要操控耀西完成一场精彩的接力赛，

> "电影中，《超级马力欧兄弟 3》的登场方式就像展出人类艺术珍品一样。事实上它也确实堪称一件艺术品。"

> 耀西在《马力欧世界》的续作《耀西岛》中第一次担任主角。

### 史蒂夫·莱西特（Steve Lycett）
**Sumo Digital公司**

尽管我的答案听起来很没意思，但我还是得说《超级马力欧世界》是我最喜欢的马力欧游戏。18 岁生日时，我收到了一台 SNES，当时我一连花了好几个星期在游戏里寻找隐藏的跳关密道，完成星星之路，还为了第二轮的积分又刷了两遍。这游戏简直太厉害了！即便我老了，它也不会过时！游戏的魅力来源于品质。除了极个别例外，一般在游戏标题里看到"马力欧"这 3 个字，就知道这绝对是款用心制作、细节满分的作品，而且能让你一连疯玩好几个小时。反正马力欧游戏不看测评我也能放心入手。老任出品，必属精品！

将马力欧安全地送到他的父母手中。由于马力欧兄弟在游戏内的婴儿设定，《超级马力欧世界 2：耀西岛》被视为整个马力欧系列游戏的前传，游戏的故事也就全成了对系列剧情的补充。在游戏的结尾，马力欧兄弟被安全护送回到父母家——一栋位于蘑菇王国的房子。现在，让我们想想此前我们已经接受的那些马力欧设定：从虐待猩猩的木匠转业做水管工兼杀虫专家，以及通过一个巨大的管道来到蘑菇王国，并从一个巨大的乌龟王手里拯救蘑菇王国的公主。想到这些，《超级马力欧世界 2：耀西岛》里的调整也就不难接受了。

1996 年，马力欧的最后一部超任游戏发售，这一次，马力欧一脚踏入了一个全新的游戏类型——RPG，出现在史克威尔公司（Square）制作的《超级马力欧 RPG：七星传说》（Super Mario RPG: Legend Of The Seven Stars）中。游戏本身融合了等距平台跳跃 RPG 和回合制战斗，画面采用时下流行的 ACM 图像技术，该技术也被运用在《森喜刚国度》（Donkey Kong Country）中。但由于《超级马力欧 RPG：七星传说》在超任生命末期上市，并且仅在美国和日本出售，导致大多数人没能在游戏发售时玩到这部作品。

# 马力欧独家记忆

**菲利普·奥利弗（Philip Oliver）和安德鲁·奥利弗（Andrew Oliver）** Blitz Software公司联合创始人

菲利普：我们俩第一次见到马力欧是在1981年的街机游戏《森喜刚》里。几年后，1988年，我们参加了在拉斯维加斯举办的国际消费类电子产品展览会（Consumer Electronics Show，简称CES），当时我们就被游戏产业庞大的规模以及任天堂的巨大展位震惊了。而马力欧绝对是展会的主角。当时正是《超级马力欧兄弟》在NES上最火爆的时期。我估计他们创造了2000万份左右的销量，这个数字真是太夸张了。

安德鲁：我记得1986年左右在进口的日版NES上看到了《马力欧兄弟》。这个游戏看起来清爽、流畅又好玩，最重要的是，非常容易上手。而我第一次见到马力欧这个角色是在街机游戏《森喜刚》里。那个时候我并没有觉得马力欧是个多么出彩的角色，但他总是出现在特别优秀的游戏作品里。

菲利普：马力欧系列的所有游戏都非常棒。尽管我们玩了很久初代马力欧游戏，但《超级马力欧64》向所有人证明了3D环境更适合以角色为主的游戏。安德鲁最喜欢的肯定是《马力欧卡丁车》！这也是我非常喜欢的游戏。

安德鲁：马力欧是优秀游戏体验的代名词。在游戏机的成像技术不断提高的同时，马力欧的人物性格也经历了重重打磨。每次调整都恰到好处地润色了马力欧原本的品格，没有从根本上改变他的形象，所以今天的马力欧仍然是20世纪80年代的那个马力欧。

## 《超级马力欧64》

又一代新主机，又一代马力欧巨作，这次是N64上的《超级马力欧64》。一直致力于创新的任天堂再次尝试重新定义平台跳跃游戏，并毫无悬念地证明了马力欧前作那些充满创意、乐趣、吸引力、多样性的冒险可以完美适应3D世界。精心打造的N64的类比摇杆手柄大大提升了游戏体验，而马力欧也多了一大堆可供选择的特技动作。这位矮矮胖胖只会跳跃的水管工变成了游戏世界里的全能舞蹈家。游戏还包含一系列开放关卡，这些关卡通过一个城堡造型的核心场景连接在一起。随着游戏进程的推进，城堡内的区域也随之展开。种种设置让玩家充分沉浸在多彩、梦幻的蘑菇王国中。整个游戏体验就像在《爱丽丝梦游仙境》里跟着兔子钻入洞穴到达仙境一般神奇。而游戏里还真有一只黄兔子，触发的对白也和路易斯·卡罗尔（Lewis Carroll）笔下那只总爱迟到的白兔的口吻极为相似。宫本茂团队在创作时显然参考了路易斯·卡罗尔的作品。

《超级马力欧64》发售后，马力欧自己又忙不迭地自我突破，借着Hudson Soft公司开发的《马力欧派对》（Mario Party）系列拓展到了更多的游戏类型之中。N64时代见证了马力欧通过《马力欧高尔夫》（Mario Golf）和《马

**以下是一些未达到《超级马力欧》标准的小众马力欧游戏。**

### 《马力欧冲击》（*Mario Clash*）
#### Virtual Boy

■这个封面泛红的街机游戏是初代《超级马力欧》的 3D 重制版，也是 Virtual Boy 首发的两个游戏之一，另一个游戏是《马力欧网球 64》（*Mario Tennis*）。不算《超级马力欧卡丁车》的话，这款游戏就是第一个 3D 马力欧游戏。

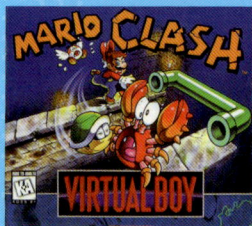

### 《打砖块》（*Alleyway*）
#### Game Boy

■这款游戏严格说来不算是马力欧游戏，不过也是一款不错的打砖块游戏。游戏中击球的挡板其实是马力欧驾驶的，虽然在游戏里可能看不出来，但是你看，游戏封面里那个身着背带裤的人不正是马力欧吗？

### 《马力欧绘图》（*Mario Paint*）
#### 超级任天堂

■这款游戏是与超任鼠标外设一起发售的游戏，也是支持该鼠标外设的少数游戏之一。初出茅庐的艺术家们可以在游戏中绘画，完成简单的动画制作，甚至音乐创作。

### 《马力欧旅馆》（*Hotel Mario*）
#### Phillips CD-i

■这款游戏常被认为是有史以来最差的马力欧游戏，是超任 CD 外设开发失败后的遗留产物。玩家要关闭酒店内的房间门才能通关并拯救桃花公主。没人知道为什么会有这样的设定。

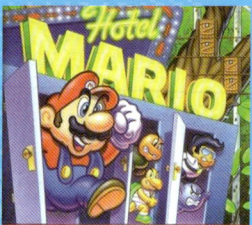

力欧网球 64》（*Mario Tennis*）重回他始于 NES 平台的运动生涯，之后他又出现在了《任天堂明星大乱斗》以及平台的告别作《纸片马力欧》（*Paper Mario*）之中。

　　由于《超级马力欧 64》于 N64 推出初期发售，所以任天堂没在该系统上推出游戏的续作这件事有些出乎意料。事实上，任天堂确实开发过《超级马力欧 64》的续作，只不过游戏的载体是 64DD 专用磁碟机。1997 年，宫本茂在 E3 游戏展上宣

## 《通宵日本超级马力欧兄弟》（*All Night Nippon Super Mario Bros*）
### Famicom Disk System

■ 这应该是最诡异的马力欧重置版游戏，因为任天堂并不是该游戏的发行商。这部融合了《超级马力欧兄弟》和《超级马力欧兄弟：失落的关卡》风格的游戏里满是日本一档知名电台节目的 DJ。

## 马力欧教育游戏（*Mario Education Series*）
### NES, SNES, PC

■ 这位水管工还曾在一系列教育类游戏里出现过，包括教地理的《马力欧失踪记》（*Mario Is Missing*），教打字的《马力欧教打字》（*Mario Teaches Typing*），教历史的《马力欧的时光机》（*Mario's Time Machine*）。

## 《超级马力欧越野摩托》（*Super Mario Excitebike*）
### 超级任天堂（Satellaview）

■《超级马力欧越野摩托》是一款少有人知的游戏，由马力欧和他的小伙伴们参演。游戏结合了《马力欧卡丁车》和摩托车越野赛，分为 4 个部分发行，且仅能通过任天堂 SFC 卫星系统 Satellaview 访问。

### 拉尔夫·贝尔（Ralph Baer）"电子游戏之父"

对我来说，马力欧是一个栩栩如生的存在。我仍然保存着初代 NES 以及捆绑销售的《打鸭子》（*Duck Hunt*）加《超级马力欧兄弟》二合一卡带。几十年来，我一直身体力行地像现在大家玩 Wii 平台跳跃游戏那样拿着光枪玩《打鸭子》。事实再一次证明，我这个想法超前了整整 20 年。而且，当公司展示区的老电视打开的时候，有谁不想在上面玩玩原汁原味的马力欧呢？还有，你怎么能忍住不拿起设备击落游戏中的鸭子呢？

布任天堂正在进行《超级马力欧 64》续作的开发。然而，随着 64DD 专用磁碟机在日本灾难般的上市以及惨淡销量，任天堂迅速终止了对该设备的支持，《超级马力欧 64》续作的开发也随即彻底终止。

在 2000 年的任天堂 Space World 展会上，任天堂展示了他们的新一代主机 GameCube，并通过一个叫《超级马力欧 128》（*Super Mario 128*）的短

## 期待已久的友好较量

■作为一篇关于马力欧的专题文章，我们怎么能不谈谈这场以他为主角的16位电子游戏大战呢？在16位游戏机的黄金年代，世界各地的学校操场都被分成了两半，一半归一位名叫"马力欧"的骑着恐龙的意大利水管工，另一半归一只名叫"索尼克"的暴躁而又敏捷的刺猬。这两个公司吉祥物长相大相径庭，但他们之间的较量却带动了游戏行业最令人兴奋的一段时期。随着主机的更新换代，二者之间的较量逐渐温和，并以世嘉在2001年彻底退出硬件市场而告终。而接下来发生的事情，估计没哪个当时（1993年）还在念书的学生能预料得到：世嘉开始在任天堂的主机上推出索尼克游戏，从任天堂GameCube上的《索尼克大冒险2：战斗》（*Sonic Adventure 2 Battle*）开始。后来，在2007年的《马力欧与索尼克在北京奥运会》（*Mario & Sonic At The Olympic Games*）中，马力欧和索尼克终于公开握手言和，并一直忍到2008年的《任天堂明星大乱斗X》（*Super Smash Bros Brawl*），才又在游戏中大打出手。

在Wii平台推出两部极佳的游戏后，马力欧成功走出了低谷。

片介绍了该机型的性能。短片里，一个大型的2D版马力欧分裂成了128个小号的马力欧，在一个球体的表面奔跑。这是任天堂首次展示所谓的"球面漫步"（Sphere-walking）技术，也是即将运用在《超级马力欧银河》上的技术。

然而，在次年的同一个活动中，与观众见面的却是一款叫《超级马力欧阳光》的游戏，而且尽管游戏本身与《超级马力欧128》几乎毫不相关，但它却是任天堂官宣的《超级马力欧64》的正统续作。

《超级马力欧阳光》几乎沿用了《超级马力欧64》的全部设计模板。唯一不同的是，马力欧在清理完对手制造的混乱后，可以在一个类似社区服务中心的地方稍事休息。

《超级马力欧阳光》以阳光充沛的德尔皮克岛为背景，保留了《超级马力欧64》的经典中心结构，而游戏进程依然靠与收集星星类似的方式——收集"太阳之力"来推进。在引入3D版耀西的同时，《超级马力欧阳光》最具创新意义的元素是水泵——一个奇怪的背包状武器。马力欧可以用它清理东西，也可以用它在不同关

在《超级马力欧阳光》中，耀西作为玩家可控角色第一次以3D形式出现，水泵也是第一次出现，最好也是最后一次出现。

## 马力欧独家记忆

**马丁·布朗（Martyn Brown），**Team 17创始人

　　跟大多数人一样，我是通过《森喜刚》认识的马力欧，他是《森喜刚》很称职的配角。任天堂把马力欧单独拎出来扔到《超级马力欧》的世界里就是件令人佩服的事情，要知道此前他还是一个连名字都没有的角色。我不确定除了出色的人物设计和极佳的可玩性之外，这部真正意义上的初代马力欧游戏还有什么值得说的内容。而且我那段时间一直在玩 Amiga 电脑。我最喜欢的马力欧游戏必须是第一部 3D 游戏《超级马力欧 64》，因为它在当时算是一款精心打磨的作品了。之前的几部作品我也很喜欢，但对我来说还是硬核了一些。马力欧经久不衰的原因在于他给人带来快乐和他的人格魅力。马力欧系列游戏在平衡性上都做得不错，所以玩家也不会因为难度太高而受到打击，甚至因此对着马力欧破口大骂。话虽如此，我很肯定有人绷不住这么做过，包括我本人在内。

卡之间穿梭。将水泵的喷头对准合适的位置就可以将马力欧射向空中，还能让马力欧获得速度提升。然而，这个道具不久就成了许多玩家争论的焦点，因为他们发现水泵会阻碍马力欧的反应控制，让收集星星感觉像枯燥无聊的体育训练。

**"没有马力欧的游戏行业将会变得暗淡"**

　　《超级马力欧阳光》没能如其前作般收获巨大的热潮，这让 GameCube 极有可能成为任天堂史上最失败的主机。这个屡战屡胜的电子游戏巨头似乎最终还是在自己熟悉的领域摔了跟头，而马力欧在一系列运动主题续作中的表现也不尽如人意，包括《马力欧网球 GC》（*Mario Power Tennis*）、《马力欧明星棒球》（*Mario Superstar Baseball*）、《马力欧高尔夫：蘑菇杯巡回赛》（*Mario Golf Toadstool Tour*），以及后来不温不火的《马力欧卡丁车》续作《马力欧卡丁车：双重冲击！！》（*Mario Kart: Double Dash!!*）。正当任天堂快要跌落神坛时，Wii 的诞生出人意料地救了它一把。

### 宇宙：最佳战线

　　《马力欧银河》以及《马力欧银河 2》都体现了近乎完美的专业级游戏设计，并且也都是马力欧系列中最好的游戏之一。任天堂巧妙而又合理地利用了 Wii 的运动控制器，再次打造出了当年《超级马力欧 64》让玩家眼前一亮的那种趣味性、探索性和娱乐性。利用《超级马力欧 128》短片中演示的"球面漫步"技术，宫本茂团队追求卓越，将游戏的背景设置在外太空中，由一系列星球组成关卡，还添加了许多可以探索的独立星球及世界。和此前的《超级马力欧 64》一样，操控设置十分舒适。玩家可以遵循着《超级马力欧 64》的套路操控马力欧，而且还可

（下转第 71 页）

### 大卫·布拉本（David Braben）

**《精英》（Elite）系列游戏联合制作者**

我第一次接触马力欧应该是在酒吧里玩初代《森喜刚》的时候。说实话，我当时没怎么注意到他，反倒是游戏的玩法让我印象深刻，游戏机制在当时看来还是有点奇怪的。N64 上的《超级马力欧 64》是我爱上的第一部马力欧游戏，因为至少对我来说，它玩起来不像前几部游戏那么烦人。之后的几部游戏也不错，但让我印象最深的还是《超级马力欧 64》，因为它是那个年代的先驱。在《森喜刚》和《超级马力欧兄弟》的那个时代，马力欧的形象很模糊，像素质感很强。在后续的作品里，马力欧以图像形式显示，也更容易辨认。但我认为《超级马力欧 64》才是真正让马力欧"活起来"的游戏。游戏初始画面马力欧说话的场景就是一个例子。如果还要说点什么，就美国而言，马力欧已经成为任天堂的象征了。还有一些其他元素，比如马力欧像小孩子一样的跑步姿势让他非常可爱，他是个不会给人造成压力的角色。

# 马力欧独家记忆

### 斯蒂·皮克福德（Ste Pickford）著名8位机程序员

当然是《森喜刚》了，当时是在斯托克波特（Stockport）的一家街机厅里，又好像是在布莱克浦（Blackpool）或者绍斯波特（Southport）[1]度假的时候。当然那个时候我还不知道游戏里的那个小人就是马力欧。玩到第二关的时候我卡关了，投了好几十枚币不停挑战。真正意义上认识马力欧是在 Rare 公司。那时是 1988 年，我们在 Rare 开会，对方在一台 NES 机上向我们展示了《超级马力欧兄弟》。我们当时的表情肯定很难看，因为游戏的画质很差。当时我们正致力于开发 Amiga 电脑以及 Atari ST 电脑的游戏，而且刚从 4 色图像进化到由大颗粒位图组成的高分辨率的 16 色图像。Rare 的创始人斯坦珀兄弟（the Stampers）坚持让我们别管游戏画质，先玩一下游戏，而且说这个游戏比任何一个 Amiga 电脑游戏都要好。我们都笑了。不过我记得他们借了一台装了十几个游戏的 NES 给我们，结果我们发现《马力欧兄弟》真的很不错。讽刺的是，这个图像简单质朴的游戏竟然比同时代画面精雕细琢的 Amiga 游戏更耐得住时间的考验。当然，我心目中最好的马力欧游戏还是《超级马力欧兄弟 3》。《超级马力欧兄弟 3》发售的时候，我们正在开发自己的 NES 游戏，而让我们惊讶的是，《超级马力欧兄弟 3》比我们当时在开发的任何一款游戏都要好得多。那一刻我由衷感慨宫本茂真是一个伟大的游戏制作人，任天堂真是一个伟大的游戏公司。那个时候他们就已经甩了其他人好几条街。《超级马力欧兄弟 3》引入了很多新概念，而且充满了想象力，每个关卡都出其不意而且乐趣满满。我觉得没哪个游戏能像《超级马力欧兄弟 3》这样接连不断地给人带来惊喜，直到后来的《超级马力欧银河》出现。不过我还是喜欢《超级马力欧兄弟 3》，因为它曾经给年轻的我带来了巨大影响。

①此句中的 3 个地点均为英国城市。——译者注

> 马力欧游戏的一座里程碑，为后续的 3D 游戏开发设置了一个难以企及的标准。

# 马力欧独家记忆

**格雷格·尾身（Greg Omi）** Atari Lynx程序员

我第一次看到马力欧是在《森喜刚》里，但我真正认出马力欧是在任天堂的《超级马力欧兄弟》里。我当时正在 Epyx 公司工作，公司的测试员都在玩这款游戏。那一年我给我所有的外甥和外甥女买了 NES。

我最喜欢的马力欧游戏应该是《马力欧卡丁车 64》（*Mario Kart 64*），受这款游戏的影响我才开发了《古惑狼赛车》（*Crash Team Racing*）这个游戏，这个游戏是我做过最有意思的游戏。我很喜欢《马力欧卡丁车 64》的滑翔机制，还有里面的随机强化道具，这些道具让游戏更灵活，也在暗中给了玩家一臂之力。而且游戏的关卡设计也非常巧妙。瓦力欧竞技场里赛道起始处毫不刻意的捷径设置我也很喜欢，可以翻两次墙减少单圈行驶耗时。

天时地利以及恰到好处的品牌推广让《超级马力欧兄弟》成功，马力欧也成了代表任天堂的吉祥物。这也让任天堂基于马力欧进行市场推广，也让马力欧变得更出名。名气有协同效应，一旦品牌的认可度提高，品牌就可以借着这股惯性在竞争中更进一步。所以大家都在开发续作，电影公司都在开发大片，而独立游戏以及原创内容很难获得突破。比方说我正在开发的 *FarmVille* 就比紧随其后的几部游戏受欢迎得多。排行榜上并列第二的就有好几个游戏，更别提这后面还跟着一大堆别的游戏。一段时间内只有那么一款游戏能成为爆款，*FarmVille* 将来也会失去热度，到时候又会有另一个游戏取而代之。《魔兽世界》（*World of Craft*）也是如此。

（上接第 69 页）

以用 Wii Remote 帮助马力欧进行探索，通过屏幕上的准心帮助马力欧吸取"星尘"，让马力欧往返于不同星球。在《超级马力欧银河》系列作品中，以前的强化道具也以卡通造型回归，包括能让马力欧短时间飞行的蜜蜂装、能让马力欧跳得更高的弹簧装，以及第一次以 3D 版本出现的火之花。

伴随着这两部马力欧太空冒险之作推出的还有《纸片马力欧》系列作品，以及《马力欧卡丁车》系列至今为止最出色的续作之一——《马力欧卡丁车 Wii》（*Mario Kart Wii*），还有将始于 FC 的 4 人平台跳跃游戏体验带回到系列中的《新超级马力欧兄弟》（*New Super Mario Bros*）。《新超级马力欧兄弟》的多人模式也是继初代《马力欧兄弟》后在马力欧系列中首次回归。任天堂的怀旧风潮不止于此，它还为 Wii 平台开发了一个特别版游戏合辑——《超级马力欧全明星合辑 特别包》（*Super Mario Special Collection*）。

# 美版《超级马力欧兄弟 2》

**波斯水管工**

» NES » 1989年 » 任天堂

**《梦工厂悸动恐慌》是《超级马力欧兄弟》续作的阿拉伯原版**

在日本独家发售了《超级马力欧兄弟》的续作后，任天堂担忧我们这些西方玩家会因为游戏难度过高而讨厌这部游戏，于是它想到了一个办法来降低游戏难度。他们找来《梦工厂悸动恐慌》这款游戏，把里面的人物替换成在蘑菇王国里转悠的那几个，美版的《超级马力欧兄弟 2》就这样诞生了。

这就解释了不少让玩家大感困惑的游戏内容：风格迥异的玩法、拉伸变形的人物、埃及风格的关卡、无法踩踏杀怪的马力欧兄弟、古怪的"拔萝卜"攻击设定。除了游戏的包装封面图——马力欧拿根萝卜的图片，以及连封面图都是从备受玩家冷落的《梦工厂悸动恐慌》封面改画的以外，我实在不明白为什么有那么多马力欧粉丝看不上美版《超级马力欧兄弟 2》。

美版《超级马力欧兄弟 2》是桃花公主唯一一次（不算《任天堂明星大乱斗》的话）没有被关在城堡里的游戏，也是马力欧兄弟第一次真正意义上的团队作战——因为每到一个新关卡都可以从 4 个人物里重新挑选操控对象，而且这也是任天堂头一次把马力欧做得这么胖。该游戏也有相当不错的可玩性，比初代层次丰富，观感也很不错，还有许多延续到后作的常驻元素以及敌人。该游戏里有跳关藤蔓、跳关门，画面也可以向后、向上滚动，而且玩法其实也和《超级马力欧世界》有许多共通点。

说了这么多，我一直觉得那些对美版《超级马力欧兄弟 2》的批评对这款游戏来说有点不公平。它当然比不上《超级马力欧兄弟 3》，但也不至于像《环游世界大赛车极速版》（*Turbo Out Run*）和《快打旋风 2》（*Final Fight 2*）那么差。当然，美版《超级马力欧兄弟 2》对马力欧来说是一场与众不同的冒险，但并不能因此说美版《超级马力欧兄弟 2》是个烂游戏。 ✱

# 《超级马力欧卡丁车》幕后故事

1992年，这款马力欧系列衍生作品给SNES玩家带来了巨大的惊喜。26年后，宫本茂、绀野秀树、杉山直为我们讲述该游戏的制作过程。让我们跟随尼克·索普的脚步一起出发吧……

## 卡丁车大王
跟我们一起聊《超级马力欧卡丁车》
的任天堂全明星组合

**宫本茂**
《超级马力欧卡
丁车》制作人

**绀野秀树**
《超级马力欧卡
丁车》总监

**杉山直**
《超级马力欧卡
丁车》总监

» SFC 和 SNES 版 的游戏包装封面图几乎一模一样。

> **我完全不反对使用反派角色赛车。**
>
> ——宫本茂

想把衍生游戏做好并不容易。一般情况下，会有某个市场部的人跳出来问："我们为什么不为 X 系列制作一款 Y 类型的游戏呢？"然后就把这个问题丢给开发人员处理了。有时候想法很好，却因为太拘泥于原作使游戏开发受到限制。有时候，游戏又在向新类型过渡时丢掉了原作的精髓，或者太过偏离原作导致成品欠佳。不过，上述问题均没有发生

» 赛道上的艰险不仅来自对手，还来自咚咚。

# 起跑线

## 你的《超级马力欧卡丁车》车手指南

### 马力欧
特殊道具：🌟 对手：
加速 ★★☆☆☆
最高速度 ★★★☆☆
重量 ★★☆☆☆
操控 ★★☆☆☆

### 桃花公主
特殊道具：🍄 对手：
加速 ★★★☆☆
最高速度 ★★☆☆☆
重量 ★☆☆☆☆
操控 ★★☆☆☆

### 路易吉
特殊道具：🌟 对手：
加速 ★★☆☆☆
最高速度 ★★★☆☆
重量 ★★☆☆☆
操控 ★★☆☆☆

### 奇诺比奥
特殊道具：🌟 对手：
加速 ★★★☆☆
最高速度 ★☆☆☆☆
重量 ★☆☆☆☆
操控 ★★★☆☆

在我们这款备受喜爱的衍生游戏系列中，因为《超级马力欧卡丁车》根本不在任天堂情报开发本部（Nintendo EAD）原本的开发计划中。

"我们的原计划里没有马力欧，也没有卡丁车。我们原本是想基于 SNES 平台上的《F-Zero 未来赛车》开发一款游戏。"总监绀野秀树以及杉山直证实了我们的猜测。这款颇具未来感的赛车游戏是展示 SNES 机能的核心利器，可以呈现出 SNES 的自定义图像硬件赋予的缩放及旋转性能，也就是我们常说的"第 7 模式"（Mode 7）。《F-Zero 未来赛车》是一款颇具影响力且受欢迎的游戏，但不支持多人游玩。"游戏只支持单人模式，因为当时的设计重点是速度感和赛道规模。"绀野秀树和杉山直向我们解释说，"这是《F-Zero 未来赛车》多人版本的原型，最终成为《超级马力欧卡丁车》的起点。我们一直在那个版本上反复实验寻找突破点。"

"也可以说马力欧的加入是反复实验的结果。"绀野秀树和杉山直继续说，"为了渲染出那种速度感和规模感，《F-Zero 未来赛车》的赛道图层面积就有一百多个屏幕那么大。然而，由于硬件限制，多人分屏模式要求赛道的显示区域不能超过 4 个屏幕宽乘 4 个屏幕高，也就是 16 个屏幕那么大。"为了尽可能实现多人模式的构思，开发团队不得不做出一些牺牲，而结果证明，大幅删减地图的这个代价或许过于高昂了。"我们试过在有限的条件下创造出一个《F-Zero 未来赛车》风格的环形赛道，但这样的赛道对 F1 类型的赛车极不友好。要制作出让玩家体验到速度感的赛道 ▶

（下转第 79 页）

» 慢慢龟将生死置之度外，试图穿越这条危险的捷径。

**酷霸王**
特殊道具： 对手：
加速 ★☆☆☆
最高速度 ★★★★
重量 ★★★★
操控 ★★☆☆

**耀西**
特殊道具： 对手：
加速 ★★★★
最高速度 ★★☆☆
重量 ★★☆☆
操控 ★★☆☆

**慢慢龟**
特殊道具： 对手：
加速 ★★★☆
最高速度 ★★☆☆
重量 ★★☆☆
操控 ★★★☆

**森喜刚 Jr.**
特殊道具： 对手：
加速 ★☆☆☆
最高速度 ★★★★
重量 ★★★☆
操控 ★★☆☆

# 团队之选

每个人都有一条最喜欢的《超级马力欧卡丁车》赛道，以下是我们特别喜欢的几条赛道……

### 达伦（Darran）

彩虹之路

■这条赛道致敬了我在老家的街机厅里玩过的那些赛车。这肯定不是一条简单的赛道，也没给我带来惊艳的感觉，不过跑完全程不从赛道上摔下来的感觉真的超幸福。

### 尼克（Nick）

甜圈平原 3

■稍加练习，你就能在这条赛道上尽情释放内心的情绪。这也正是我爱上这条赛道的原因。熟练运用冲刺蘑菇，你就可以跳过围墙，抄近路甩大部队好几条街。

### 德鲁（Drew）

酷霸王城堡 2

■酷霸王城堡总让我提心吊胆，可能是因为里面的咚咚，也可能是因为我们两兄弟总在这条赛道上拼得你死我活。它对你的卡丁车赛车勇气是一种考验。

### 萨姆（Sam）

慢慢龟海滩 1

■当我兴致勃勃地行驶到"对战赛道 1"上时，达伦却突然跟我说比赛因大雨取消了。谢谢达伦。这下我估计只能在慢慢龟海滩的浅水中兜风消气了。

» 被缩小的赛车手可能会被对手压扁，就像这位可怜的奇诺比奥一样。

（上接第 77 页）

▶ 简直比登天还难。"

鉴于速度是《F-Zero 未来赛车》的核心魅力，调整游戏主题就成了显而易见的选择。"走投无路之下我们孤注一掷地选择了卡丁车比赛。卡丁车很适合这些紧凑的赛道。"绀野秀树和杉山直回忆说。速度限制也和更紧凑的赛道相得益彰，不过开发团队仍然需要灵活运用 1024 像素 ×1024 像素的创作空间。"但是，戴着头盔、身穿制服的赛车手从背后看起来简直一模一样，毫无个人特色，很难分辨谁是谁，所以我们又遇到了新的问题。"

然而解决问题的办法却出奇的简单，还顺便给游戏带来了明星效应。"我们开始思考什么样的人物从背后看能让人一眼就认出来，最后决定试试马力欧。马力欧无疑是个特征鲜明的人物，即使从背后看也是这样，所以我们立马决定就是他了。"绀野秀树和杉山直解释说，"在其他赛车手的选择上，我们也挑选了马力欧系列里那些从背后看来仍然具有辨识度的角色。《超级马力欧卡丁车》就是这么来的。要是没有硬件限制，我们可能会开发出一款截然不同的赛车游戏。"

入选《超级马力欧卡丁车》赛车手的共有 8 名马力欧系列角色，其中当然有马力欧和路易吉，此外还有桃花公主、奇诺比奥和耀西。然而，森喜刚 Jr.、慢慢龟、酷霸王这样的反派角色也同样入选了。这就有点出人意料了。我们必须问问任天 ▶

▶堂是否有过启用反派角色的顾虑。"这两个系列类型不同，而且本质上所有角色在赛车游戏里的竞争是个人竞争，所以即便他们是反派角色，我也没觉得奇怪。"绀野秀树说，"在这个游戏里，他们更像是友好竞争的对手。"马力欧的设计者和《超级马力欧卡丁车》的制作人宫本茂是这么解释这个问题的："马力欧系列的设定类似于漫画，而漫画里的人物总是能在不同的故事中扮演不同的角色。马力欧在各种游戏中的出现也很符合漫画的传统设定。从这个角度看，我完全不反对使用反派角色。"杉山直也插话发表了自己的观点："而且，尽管像你所说的这样，这几个角色都是反派，但玩家还是很难对他们产生恨意。另外，为玩家提供充分的选择空间也很重要。"

在敲定了游戏角色之后，接下来的工作就是在有限的空间内为他们打造赛道了。"碍于当时的硬件限制，我们无法放置真正的 3D 物体。"杉山直说，"于是我们就把赛道分成了不同的类型——沥青路、土路、木板路、石头路和水路，靠不同的阻力值加以区分。"开发团队用这样的方法制作出了特性各异的赛道，所以也就不会有人把香草湖的冰地误当作巧克力岛

» 屏幕下半部分的地图会时刻提醒你对手近在咫尺。

的泥地了。"场景设置方面，我们选择了符合马力欧主题的东西。"他继续说，"我们通过试玩调整了关卡难度，后期还添加了一些可以被冲破的路障，让游戏玩起来更加刺激。" 如果任天堂就此满足，推出一款含有马力欧和赛道的简单双人赛车游戏，想必也会收获不错乃至不俗的口碑。不过任天堂并没有就此打住，而是在脱离了主打竞速的设定后一发不可收拾，

» 某些捷径需要敏锐的观察力。图中的这条沟在远处就很难察觉。

为游戏添加了更多的马力欧元素。首先就是置于赛道上的金币，玩家可以收集这些金币获得加速。"设置赛道金币是为了增加游戏深度。我记得我们的领导宫本先生很重视这一点。"绀野秀树说。这点也得到了宫本茂本人的确认："普通的赛车游戏不可能有这样的设定。把金币放在赛道上感觉会很有意思。"他回忆道，"我记得我们当时这么做是为了让玩家使用跳跃技能，因为跳跃是马力欧游戏不可或缺的元素。"

不过，游戏的突出特色却是强化道具。这些道具不仅能强化赛车手的竞速属性，还能用来攻击其他玩家。"决定把《超级马力欧卡丁车》打造成一款赛车游戏的时候，我就觉得我们不该只做一款普通的赛车游戏，而是围绕趣味性以及排名制竞赛打造一款以卡丁车为媒介的游戏。"宫本茂说，"所以道具就成了自然而然的选择。这样一来，赛车水平欠佳的玩家也有机会胜出，落后的玩家也有机会追赶上来。"

"我们在早期版本中加入的第一个道具是油，也就是后来的香蕉皮。"绀野秀树和杉山直补充说，"我们制作了与马力欧系列设定相符的道具。为了给游戏玩法添加攻击、防御以及特色元素，并且保证道具的平衡性，我们加入了一系列马力欧风格的道具，比如，用于攻击的龟壳、可以使玩家进入无敌状态的星星、可以窃取其他玩家道具的害羞幽灵。当然这一切都是在保证游戏能够运行的前提下。"任天堂一共打造了 9 件道具，件件都十分符合马力欧的主题。这也是日后许多场景打造欠佳的竞品卡丁车游戏试图模仿的，不过效果通常都不太理想。

道具为游戏带来了质的改变。"使用道具进行攻击和防御应该是大部分人对《马力欧卡丁车》系列印象最深刻的部分。"绀野秀树和杉山直说。大家记忆中成 ▶

» 桃花公主瞅准时机向奇诺比奥投掷红龟壳，谁知奇诺比奥自己也藏着一个……

» 被撞后不仅会减速，还会扣金币、降低速度上限。

## " 这是款竞赛性质很强的游戏，所以我每次玩都激动地大喊大叫。"

——绀野秀树

▶ 百上千回合的龟壳大战、失手压到的香蕉皮，还有因此产生的愤怒情绪，都完美地印证了道具给人留下了深刻印象。"游戏制作结束前，我们针对道具平衡性做了成千上万遍测试。试玩过程中因为道具获胜或者失败都让人异常激动。"绀野秀树笑着补充道。

曾经被《超级马力欧卡丁车》折腾得情绪激动的可不止玩家，开发团队也有过相同的经历。"测试游戏的时候我经常玩。因为这是款竞赛性质很强的游戏，所以我每次玩都激动地大喊大叫。"绀野秀树说，"这种变幻莫测又能随时翻盘的特质总让我忍不住喊出声来。虽然是测试环节，但输掉比赛还是让人沮丧，所以我就一直玩……我的意思是，一直测下去。"说到这里他笑了，"其他项目组的同事估计要被我烦死了。"

而这样的游戏机制也是制作团队有意为之。"我本人不是很擅长赛车游戏，所以为了让自己也有机会获胜，我调整了道具的相关概率，落后越多获得的道具也就

» 由于无法使用三维几何体，任天堂不得不用跳跃设定体现错落的赛道。

越强。"杉山直说，"这样一来，即使是像我这样的玩家也能出其不意地扭转战局，获得胜利。也就是说，我也有机会和赛车高手们一决高下。"这样的游戏机制实际上也大大增加了游戏的耐玩性。双人玩法对新玩家也十分友好，玩家在赛车技术上仍有水平差距，对赛道的熟悉程度以及赛车水平并不能完全左右玩家的胜负。不论老幼，人人都能上手，人人都有机会获胜。

在竞速比赛中屡战屡败的玩家还可以在对战模式中发泄心中的怒火。"对战模式是我们在开发竞速模式的过程中想到的点子，不在原本的计划中。"绀野秀树和杉山直说，"竞争性的游戏玩法本来就有强烈的射击元素，而且在进行各种尝试的时候，我们也发现对战很好玩，甚至比预想的还好，所以就决定把这个模式保留下来。"两位继续解释说。"我希望游戏的双人模式能让玩家像《马力欧兄弟》里那样对战。"宫本茂补充说。这里他提到的游戏是 1983 年的街机版《马力欧兄弟》。

虽然这一切在双人模式下很合理，但放在单人模式下就有些奇怪了。首先是单人模式下依然存在的分屏显示。"我们已经实现了游戏主打的双人同屏模式。"绀野秀树和杉山直解释道，"所以也希望双人竞赛系统的特色能得到充分发挥。单人模式下，屏幕下方的大地图以及后视镜图像也是这个系统的延伸。我们通过利用不同的镜头角度以及缩放比调整实现了这两点。也可以说这么做是为了充分利用双人系统延伸出来的功能。" ▶

要是不能攻击对手或者缩小差距，《马力欧卡丁车》以及一众卡丁车游戏将索然无味。右侧是1992年游戏中的道具……

**蘑菇**
■使你短暂加速的道具，通常在赛车手落后大部队的时候出现。利用它冲过粗糙的地面，抄捷径缩小差距吧！

**星星**
■稀有道具，很可能在你为掉队而苦恼时出现。它不仅能使你暂时加速，还能让你冲撞对手对其进行攻击。

**羽毛**
■羽毛能让你高高跳起，让你有机会大抄捷径。该道具最常出现在幽灵谷赛道上。

**香蕉皮**
■防御型道具，常由领先玩家获得，可以向前或向后扔出。碰到香蕉皮的赛车手会立刻滑出赛道！

> **我们开发游戏的时候也在玩，所以我当然知道它好玩。**
>
> ——杉山直

▶ 单人模式的另一个奇怪之处与道具有关。虽然玩家可以获得随机道具，但系统控制的赛车手却只能使用自己的固定道具，这其中甚至还有一些玩家无法获取的道具。"我们想让每个角色都有自己的独特性。系统控制的赛车手的不同特性也为单人模式增添了特色，让游戏体验更丰富，更有乐趣。"绀野秀树解释道。"而且在当时的硬件限制和技术水平下，很难让系统控制的赛车手像玩家一样使用道具。"他继续说，"所以我们绞尽脑汁想让游戏更有趣，于是就有了这样的处理方式。在后续的作品中，我们实现了让系统控制的赛车手在游戏中正常使用普通道具的构想。"

《超级马力欧卡丁车》于1992年制作完成，在技术限制下能想到如此具有创造性的解决方案，开发团队感到十分满意。"在这么小的区域内打造出《F-Zero 未来赛车》式的游戏体验对设计

## 绿龟壳

■绿龟壳一旦扔出就会沿直线前进，只有撞墙时才会反弹。这是经验丰富且擅长瞄准的玩家不可或缺的道具。

## 红龟壳

■虽然红龟壳撞墙时不会反弹，但只要在合适的时机扔出红龟壳，它就会锁定附近的对手并给其致命一击。

## 害羞幽灵

■使用害羞幽灵会让你化身幽灵，变成透明状，穿过其他赛车手。最厉害的一点是，你可以在透明状态下偷取对手道具。

## 金币

■该道具会让你获得一些金币，并且在你拥有金币时提升速度上限，给予你高对手一筹的优势。

## 闪电

■稀有道具，会引发不小的动静，缩小除使用者外的所有赛车手，使其减速并且能被你轻松碾压。

和技术来说都是一个巨大的挑战。"绀野秀树说，"我们用卡丁车克服了技术难题，没有拘泥于保守的思想或者在这些问题上反复纠结，而是大刀阔斧地调整了游戏玩法，从而取得了好结果。"开发团队也很满意自己的作品，并且游戏带来的好评远远超出了他们的预期。"我们开发游戏的时候也在玩，所以我当然知道它好玩，但我没想它能这么受玩家喜爱。"杉山直说。

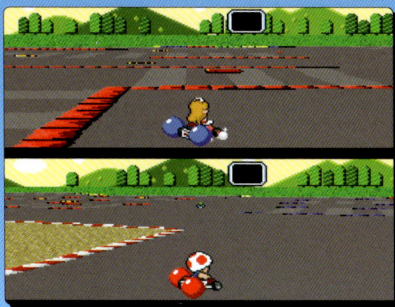

　　《超级马力欧卡丁车》确实深受好评。在《任天堂杂志系统》（*Nintendo Magazine System*）一则评分为 92 的测评中，贾兹·里格纳尔（Jaz Rignall）写道："紧张、刺激、让人上瘾的赛车游戏。SNES 史上最佳。"*N-Force* 游戏杂志的尼克·罗伯茨（Nick Roberts）给游戏打出 88 分，并评价道："约上一帮好友共同游玩，让游戏迸发活力。"*Super Play* 杂志给出 94 的高分并称对战模式为"史上最佳双人游戏"。美国的游戏测评杂志也给出了类似的评价。*GamePro* 给游戏在"趣味性"方面上打出 5/5 的满分。来自《电子游戏月刊》（*Electronic Gaming Monthly*）的 4 位测评人中，两人打出 9/10 分，两人打出 8/10 分，称游戏是"近段时间内最棒的赛车游戏"。

　　众多游戏杂志的赞美之声为游戏带来了大批玩家，更多的玩家在和朋友一起玩的时候迷上了这款游戏。《超级马力欧卡丁车》最终以 876 万份的惊人销量成为史上销量第三的游戏，仅次于《超级马力欧世界》和《森喜刚国度》。轻松超越排名第四、销量为 200 万份的《街头霸王 2》（*Street Fighter II*）。《超级马力欧卡丁车》的普及率很高，时至今日它仍然在 SNES 收藏家之间享有非常高的需求度。能在 ▶

» 竞赛赢得胜利后的奖励是一个奖杯和一瓶……慢慢龟喝什么来着？

▶ eBay 上找到报价 20 英镑以下的 PAL 制式卡带都算幸运的了，盒装版自然要价更高。

当被问及《超级马力欧卡丁车》为何能获得如此巨大的成功时，绀野秀树迅速联想到了游戏的双人模式特色："可能许多人都把这款游戏当作一种'带有竞争性质的社交工具'，通过多人游玩进行社交。在互联网时代来到之前，多人模式很受欢迎。很多人就这样迷上了游戏，爱不释手，包括计时赛在内的那些可以反复游玩的内容。"

换作其他公司，他们一定会借着《超级马力欧卡丁车》的热度赶紧推出续作大捞一笔，但任天堂在该系列的开发上却表现得相当克制。部分原因可能是初代游戏本身已经接近 SNES 的性能极限了。直到 1996 年，任天堂才推出该系列的第一部续作《马力欧卡丁车 64》（Mario Kart 64），并利用新技术对赛道设计进行了大幅调整。《马力欧卡丁车 64》证明了《超级马力欧卡丁车》的成功不仅并非昙花一现，而且还将延续至后续的多代作品。卡丁车系列每个主机世代更新虽然都不超过一部，但却仍然保持住了整个系列的特殊地位。8 部主要系列作品总计造就了超 1 亿的销量。

» 漂移过弯是每个《超级马力欧卡丁车》玩家的必备技能。

《马力欧卡丁车》系列的成功让我们非常好奇任天堂是怎样让初代的精髓传承到续作中的。在杉山直看来，这里有一个关键因素。"没有道具的《马力欧卡丁车》就不是《马力欧卡丁车》了。道具的随机性使新老玩家能在游戏中共同竞技。"他说，"《马力欧卡丁车》的一个重要特征就是无法完全依赖驾驶技术取胜。玩家要使尽浑身解数才能在势均力敌的对抗中第一个冲过终点。"虽然杉山直本人自2003年的《马力欧卡丁车：双重冲击！！》开始就没有亲自参与该系列的制作，但其让所有人都能参与到游戏中的创作理念显然在后续的系列作品中得以延续。

　　"我们的目标是开发出一款能和家人、朋友，甚至所有人一起享受乐趣的游戏。"纽野秀树对杉山直的说法表示赞同，他本人一直到《马力欧卡丁车8豪华版》（ *Mario Kart 8 Deluxe* ）都在参与该系列的制作。"我们希望大家都能享受到竞速的刺激感，都有机会获胜，多加练习也能获得不错的排名。第一部《马力欧卡丁车》实现了双人同屏。到了NDS时代，无线通信让8人同屏混战成为可能，甚至能支持不同国家的玩家线上竞技。这就是卡丁车系列初代传承下来的最重要的元素。"

　　《超级马力欧卡丁车》不仅名利双丰收，还形成了不容小觑的影响力，引得形形色色的竞争对手争相复制及模仿，从《极速狂飙》（ *Speed Freak* ）这样的自研游戏，到《科乐美疯狂赛车》（ *Konami Krazy Racers* ）这样的联合制作，还有以吃豆人（Pac-Man）、炸弹人（Bomberman）、古惑狼（Crash Bandicoot）这样的知名IP为主角的游戏，甚至连索尼克也不能免俗地掺了一脚。然而，其中鲜少有能接近《马力欧卡丁车》系列高度的作品，毕竟蘑菇王国的魅力、恰到好处的道具平衡和精心打磨的操控机制都不是旁人可以轻易模仿的。

　　《马力欧卡丁车》系列的受欢迎度甚至不亚于马力欧主线系列。不仅如此，从收益上看，该系列对任天堂的价值甚至要高于主线系列，不仅创造了巨额的销量，还在近几年反超了广受好评的主线作品——《马力欧卡丁车Wii》卖出了3683万份，接近《超级马力欧银河》销量（也有1272万份的不俗销量）的3倍，而《马力欧卡丁车8》更是Wii U平台的销量冠军，比排名第二的《新超级马力欧兄弟U》多卖了250多万份。

　　基于以上信息，要说《超级马力欧卡丁车》是史上最重要的衍生游戏也毫不夸张，而且其他作品甚至难以望其项背。游戏的开发人员有怎样的感想呢？"我非常开心，也很感恩《马力欧卡丁车》能发展成现在的系列作品并且持续受到玩家的喜爱。"宫本茂说，"我认为这是制作团队的功劳。他们在开发每个新作品时都想方设法地做出创新，让游戏保持新鲜感，避免玩家厌倦。希望你们也能继续期待《马力欧卡丁车》系列的后续作品。"

　　"我非常开心、自豪有这么多人喜欢这个游戏，而且能支持游戏这么久。"纽野秀树说，"《马力欧卡丁车》是自成一脉 ▶

（下转第90页）

# 时间线

《超级马力欧卡丁车》的传奇如何在 25 年间展开······

## 《马力欧卡丁车 64》

N64，1996 年

■该游戏凭借 N64 的优秀性能成为《超级马力欧卡丁车》的第一部全 3D 续作，并且在赛道设计上也更加丰富多元，玩家人数也从两人翻倍至 4 人。

## 《马力欧卡丁车：街机大奖赛 2》（ Mario Kart Arcade GP 2 ）

街机，2007 年

■本作不仅囊括了原作的所有内容，还加入了新的道具、赛车手、赛道，以及一位有点惹人嫌的解说员。与原作不同的是，《马力欧卡丁车：街机大奖赛 2》允许玩家使用磁性存储卡储存游戏数据。

## 《马力欧卡丁车 DS》（ Mario Kart DS ）

NDS，2005 年

■系列的第二部掌机游戏，也是任天堂向线上游戏迈进的一大步，让玩家摆脱了各种电线的束缚。自本作开始，复古赛道成为该系列的固定元素。

## 《马力欧卡丁车 Wii》（ Mario Kart Wii ）

WII，2008 年

■本作将赛车手名额扩增至 12 人，并相应拓宽了赛道。此外，本作也是系列作品中首个玩家可以选择使用摩托车参赛的作品，还支持可以模拟汽车方向盘运动的 Wii 手柄方向盘。

## 《马力欧卡丁车 8 豪华版》

SWITCH，2017 年

■作为 Wii U 平台《马力欧卡丁车 8》的加强版，含有《马力欧卡丁车 8》的所有 DLC 内容。游戏的对战模式新增"Splatoon"主题赛道、新角色，允许玩家同时持有两件道具。此外，画面也升级至 1080p。

## 《马力欧卡丁车 8》（ Mario Kart 8 ）

WII U，2014 年

■系列的第一部高清版本续作，加入了反重力系统，使不可能的赛道成为可能。本作见证了摩托车的回归以及全地形车辆的初登场。你还可以在 DLC 中找到包括《F-Zero 未来赛车》《塞尔达传说》《动物森友会》《越野摩托》在内的任天堂的各大知名 IP 内容。

## 《马力欧卡丁车：超级赛道》（*Mario Kart Super Circuit*）

GAME BOY ADVANCE, 2001 年

■《马力欧卡丁车》系列第一部掌机作品，沿袭了原作 Mode 7 风格的水平旋转赛道。此外，本作的赛道数量也激增至前所未有的 40 条，包含所有原作赛道以及 20 条全新赛道。

## 《马力欧卡丁车：街机大奖赛》（*Mario Kart Arcade GP*）

街机, 2005 年

■由南梦宫（Namco）开发的《马力欧卡丁车》系列首部街机作品，而且还有"吃豆人"作为客串角色供玩家选择。此外，本作还含有多达 93 件道具，同时也是原作后第一部见证赛道金币回归的作品。

## 《马力欧卡丁车：双重冲击！！》

GAMECUBE, 2003 年

■一部具有实验性质的《马力欧卡丁车》续作，允许两名玩家共同操控一部卡丁车，且可以在驾驶过程中随时互换位置。在本作中，玩家可以单独选择卡丁车，并且不论是普通赛车手还是系统控制的赛车手都有属于自己的特殊道具。

## 《马力欧卡丁车 7》（*Mario Kart 7*）

3DS, 2011 年

■由 Retro Studios 和任天堂情报开发本部共同开发的作品。本作将消失许久的金币道具再次带回到系列主要作品中，此外还加入了水下及滑翔赛段，并且允许玩家对卡丁车的车身、轮胎、滑翔翼这 3 种部件进行自定义组装。

## 《马力欧卡丁车：街机大奖赛 DX》（*Mario Kart Arcade GP DX*）

街机, 2013 年

■本作是对《马力欧卡丁车：街机大奖赛》的全面升级，对已有赛道的外观进行了大刀阔斧的调整，加入了水下和滑翔赛段。时至今日，本作仍在不断升级中，而且你还能在西方国家的街机厅里看到它。

（上接第 87 页）

▶ 的一个系列。玩家可以在游戏中翱翔天际，或者展开水下竞赛，而最新的系列作品①甚至允许玩家操控重力！我相信《马力欧卡丁车》系列还会带来源源不断的新奇体验，为玩家继续带来欢乐。"

未来肯定还会有络绎不绝的玩家重温这个系列。在他们的心中，《马力欧卡丁车》已经成为一个常青树般的存在，不仅在过去 26 年的时代变迁中屹立不摇，还在任天堂主机的更新换代中稳若泰山，毕竟用红龟壳夺得第一的感觉实在是太奇妙了。正是这样的游戏基因确保了《超级马力欧卡丁车》及其后作将永远拥有受众群体。✱

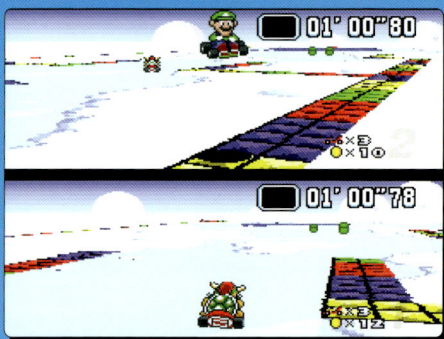

» 羽毛可以让你利用各种流氓招式抄近路。

特别鸣谢接受采访的所有嘉宾，以及促成采访的卡尔佩什·泰勒（Kalpesh Tailor）和埃玛·邦斯（Emma Bunce）。

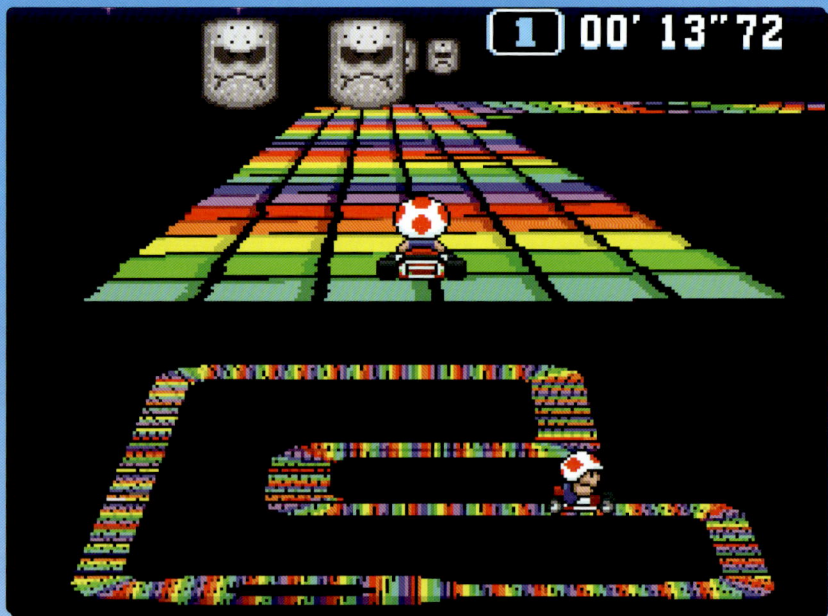

» 压轴出场的彩虹之路是游戏难度最大的赛道。

①本书英文原版于 2018 年出版，这里指《马力欧卡丁车 8 豪华版》。——译者注

# 反击战

## 《超级马力欧卡丁车》如何影响其 Switch 平台续作《马力欧卡丁车 8 豪华版》

» 系列初代《超级马力欧卡丁车》的 DNA 在其最新续作①中仍旧清晰可见。

有些东西失去了我们才知道珍惜。《超级马力欧卡丁车》中的许多元素就应了这个道理，因为它们总是在系列续作中来了又走，走了又来。《马力欧卡丁车 64》去掉了角色专属道具和可收集金币，但二者又在后续作品中回归，而近期的《马力欧卡丁车 8 豪华版》则见证了更多《超级马力欧卡丁车》元素的回归。

原版的 Wii U 平台《马力欧卡丁车 8》最令玩家不满的就是移除了源自《超级马力欧卡丁车》的对战模式。以往供玩家激情碰撞和互动的特制赛场不复存在，取而代之的是普通竞技赛道，自然难以令玩家满意。

好消息是，原作的对战模式终于在《马力欧卡丁车 8 豪华版》中回归，一起回归的还有各式各样的复古赛道，包括原作中的"对战赛道 1"。

同时回归的元素还不止于此。虽然万代南梦宫（Bandai Namco）出品的街机游戏中一直有害羞幽灵供玩家作为道具使用，但任天堂的《马力欧卡丁车》系列却自《马力欧卡丁车 DS》起就删除了害羞幽灵道具。在《马力欧卡丁车 8 豪华版》中，害羞幽灵终于在阔别多年后重回道具列表了。此外，自《超级马力欧卡丁车》后就被移除的羽毛道具也在本作中作为对战模式专属道具回归。使用羽毛可以让你跃起、飞过龟壳和香蕉皮，靠近对手使用时还可以偷走对方的气球！

①本书英文原版于 2018 年出版，这里指《马力欧卡丁车 8 豪华版》。——译者注

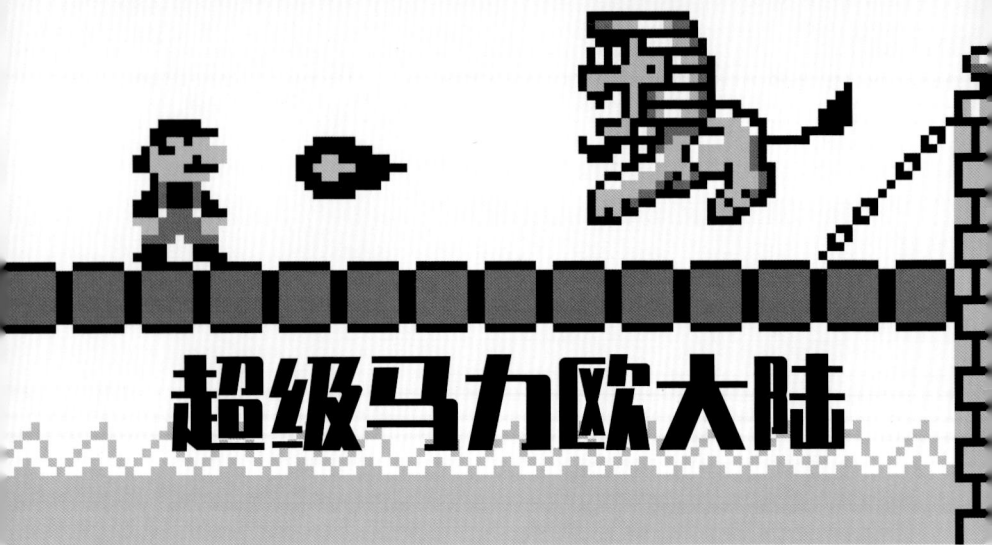

# 超级马力欧大陆

作为 Game Boy 平台最早的黑白双色游戏之一，《超级马力欧大陆》完美展现出了平台硬件的性能。然而，其大胆独到的设计决策却被后续的 Game Boy 游戏开发者抛之脑后。这样一款经典的游戏为何无人效法呢？

» 看看这高效的布局，这简洁的线条，这数学上近乎完美的构图。简直非比寻常。

## 信息栏

SUPER
MARIOLAND

TOP-        0

» 游戏版本：Game Boy 版
» 开发公司：任天堂
» 发行时间：1989 年
» 游戏类型：平台跳跃游戏

Game Boy 是一款奇怪的游戏机，几乎人手一部，但只要仔细看看它的游戏库，就会发现其中没多少能称得上永恒经典的游戏，反而充斥着太多糟糕的授权作品和彻头彻尾的垃圾游戏。当然也有数不尽的遗珠，只可惜大部分人连这些游戏的名字都没听过，更别说玩过了——你听说过《捕猫器》（Cat Trap）或者《食通天国》（Mr. Chin's Gourmet Paradise）吗？还有些游戏甚至没推出就被扔进垃圾桶了。

所以，值得好好聊聊的游戏就所剩无几了：《俄罗斯方块》（Tetris）、《魔界村外传》（Gargoyle's Quest）、《宝可梦》（Pokémon）、《塞尔达传说：织梦岛》（The Legend of Zelda : Link's Awakening）、《异形 3》（Alien 3），当然还有《超级马力欧大陆》。注

**"细节部分的塑造极为精致，这种感觉就像观赏一幅精美的日本刺绣，或一盘简约的新式料理。"**

意，其中大部分都是 Game Boy 平台早期推出的作品，又或者是像《宝可梦》这样研发很早但发售很晚的游戏。为什么大部分像《超级马力欧大陆》（平台首

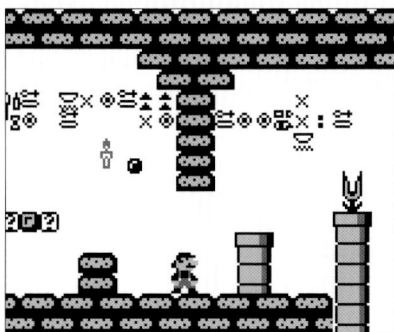

» 你甚至能在埃及主题关卡里看到象形文字。这够不够写实？

发游戏）这样的优秀作品都产在 Game Boy 平台前途未卜的早期呢？关键在游戏的体量上。之后的作品往往野心过大，意欲复刻 NES 甚至是 SNES 风格的画面，结果反而一塌糊涂。（Rare 发布 Game Boy 版《杀手本能》（*Killer Instinct*）这样的垃圾作品时是怎么想的？）

　　《超级马力欧大陆》之所以能成为一款收获巨大成功的 Game Boy 平台作品，是因为它的极简主义风格。游戏中的一切都小小地像素化了，却有辨识度，细节部分的塑造极为精致，这种感觉就像观赏一幅精美的日本刺绣，或一盘简约的新式料理，或一只笨拙地顶着大脑袋的可爱小狗。游戏没有生硬地将人物精灵图硬塞进容量只有 160 像素 ×144 像素的屏幕中，这也就在前期避免了许多潜在问题。玩家在跳跃时不必担心自己会踩空，屏幕上也不会有奇怪的模糊，这点对掌机游戏来说是至关重要的。

　　游戏中目之所及的一切都有其存在的意义，关键元素都用象征性的抽象符号进行表达。虽然系列标配的变大蘑菇得到保留，但由于屏幕颜色限制，传统的 1UP 蘑菇在游戏中被替换成了同样易于辨认的爱心。说来奇怪，《超级马力欧大陆》里完全没有冗余的东西——没有莫名其妙的过度发挥，也没有分散玩家体验游戏核心内容的注意力的华而不实的东西。游戏完美体现了众多玩家追求的怀旧游戏要素：自然不造作的抽象极简风格、高度打磨的游戏机制、纯粹的设计风格，让人觉得每个砖块和金币的位置设计都经过了深思熟虑。

## 狗血恋爱剧？

马力欧兄弟是长着大胡子的现代版胖墩渣男吗？深入了解过任天堂游戏的家长肯定会问出这样的问题。《超级马力欧大陆》给马力欧找了个新对象，也就是来自萨拉萨大陆（Sarasaland）的菊花公主①。（另一位当然就是桃花公主或者部分玩家口中的"碧姬公主"了。"桃花公主"和"碧姬公主"当然是同一个人的不同叫法，不过也有可能是住在同一个身体里的两种截然相反的人格，一个强势邪恶，一个温和顺从——具体要看你读的是哪本脑洞大开的同人小说了。）让这层关系看起来更加混乱的是有关桃花公主和路易吉有绯闻的说法。（不过路易吉好像也迷恋着马力欧的桃花公主。）我们不知道菊花公主是不是甩了马力欧之后才和路易吉好上的，也不知道她是不是已经认识了路易吉还背着他和马力欧好，又或者这是一段四角关系？

» 图中英文意为为：哦！菊花公主！谢谢你，马力欧。

①根据任天堂 2022 年 12 月 23 日消息，后续发布的游戏中菊花公主中文名称将陆续变更为"黛西公主"。——译者注

## "《超级马力欧大陆》的伟大来源于其对于极简风的专一。游戏中的一切都被尽可能地简化,但游戏本身却仍然保有辨识度。"

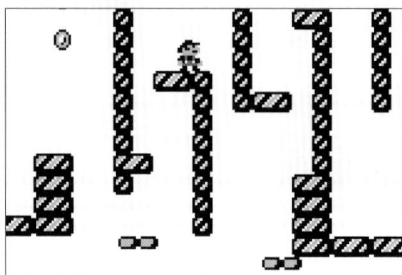

» 这里很好地展现了《超级马力欧大陆》的精简设计风格。关卡结构和平台布局都无可挑剔。

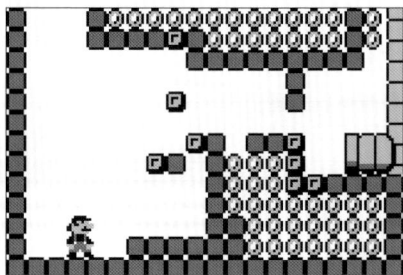

» 发射火球,目送它穿过洞穴,为你收集金币。

» 注意观察马力欧的动作。离近点!他在模仿英国歌手菲尔·科林斯(Phil Collins)在音乐短片《我不会跳舞》(I Can't Dance)中的动作。

《超级马力欧大陆》的高水准得益于游戏的全明星制作团队。游戏的音效由田中宏和负责,他也是《密特罗德》的音效负责人,他能游刃有余地利用有限的音乐架构制作游戏配乐。游戏的制作人及管理者并非宫本茂,而是宫本茂的导师以及 Game Boy 的设计者横井军平。最了解 Game Boy 的人非横井军平莫属,他不仅对 Game Boy 的硬件限制了然于心,也了解如何在有限范围内充分发挥其性能。负责设计的是冈田智(曾参与《密特罗德》的制作,任天堂大部分掌机都由其领导的部门研发)以及松冈洋史(曾参与制作《密特罗德》及《瓦力欧制造》)。由这样的任天堂黄金阵容负责新机型的护航作品也算是意料之中。

《超级马力欧大陆》在游戏设计方面也有许多值得说道的亮点,比如杀死乌龟后必须要在其爆炸前跑开的紧迫感,以及不仅能撞墙反弹还能收集金币的火球。而且由于火球会一直反弹,所以玩家可以用它来攻击远距离的敌人,再利用火球的反弹收集够不到的金币。这个设计带来了革命性的变化,打破了马力欧游戏的传统玩法,只可惜不知什么原因没有延续到后续作品中。火球的加入具有相当重要的意义,它不仅为传统的游戏模式注入了新鲜血液,而且其本身也非常有趣。

由此可见,人们对宫本茂个人能力的崇拜埋没了许多和他一样有能耐、有远见的人才。正是因为冈田智和松冈洋史的努力,才有了精彩绝伦的《超级马力欧大陆》。

可惜任天堂为了满足那些喜欢宫本茂 NES 平台作品的粉丝，急于推出一款类似的 Game Boy 平台作品，在开发续作《超级马力欧大陆 2：6 个金币》时不仅替换了原本的制作班底，还删去了许多前作中让人眼前一亮的设计，让人既失望又反感。回顾《超级马力欧大陆》，我们会发现它是一部风格迥异的系列衍生作，即使将主角替换成其他角色也毫无违和感，同时也很遗憾它几乎被人遗忘在了时间的长河里。

这里我们并不是想将《超级马力欧大陆》吹捧为马力欧系列的巅峰之作（严格说来它甚至不是一款真正意义上的马力欧游戏），或是单纯地谈谈游戏有多么好。我们想探讨的是《超级马力欧大陆》所体现出的一种重要的游戏开发理念，那就是以现有资源为重点进行游戏开发。在掌机性能逐步向主机靠拢的当下（莫名联想到过去主机侵蚀街机的时候），这样的游戏开发理念正是被如今的游戏开发人员抛之脑后的东西。我们不禁怀念那个掌机游戏从不单纯复制主机游戏的时代；那个掌机游戏依然保有其独特性，为其平台而生的时代；那个《超级马力欧大陆》能单纯地受到喜爱，而不会有开发者跳出来问"我们把游戏做大点怎样？"的时代。

» 顶起砖块然后看着蘑菇从空中掉下来。吃它它马力欧就可以变大。

» 图示为马力欧的定制水下潜艇。《超级马力欧大陆》是该系列中唯一含有飞机和潜艇的作品。

# 马力欧失踪记

» NES » The Software Toolworks公司 » 1993年

看见越来越多的年轻人加入怀旧玩家阵营我很开心，但有时候他们好像弄错了方式。找个众所周知的烂游戏拍个 YouTube 视频嘲讽一番，再加上一句"这种游戏怎么能卖得出去呢？"这样的固定台词根本没什么技术含量。哎，还是让我来跟你们讲讲这事儿该怎么操作吧，小屁孩儿们。

PlayStation 和 N64 火那阵儿，我们那儿的音像店正在清仓甩卖 Mega Drive 和 NES，为了把货架腾出来。我那时候已经有一台 PlayStation 了，不过我还是个没多少零用钱的青少年。每个游戏的售价是 4 英镑。我就去那里扫荡了一番，拿着 Sega Pro 和 Mean Machines Sega 这两本测评杂志，仔仔细细地淘了一堆好游戏，包括《VR 赛车》（Virtua Racing）和《街头霸王 2- 特别冠军版》（Street Fighter II: Special Champion Edition）。

但任天堂我是真不了解。那时我的 NES 还是亲戚家孩子玩剩不要了丢给我的，我根本不知道上面有什么游戏。更郁闷的是，我的朋友也不了解任天堂的游戏。我们都是玩世嘉 Master System 长大的。所以我更猜不透那个模模糊糊印着"马力欧失踪记"的出租卡带里面装的是什么游戏。现在这个年代我当然可以拿出手机上网查一查，但那个年代既没有手机又没有互联网，所以我就干脆带着我对任天堂的浅薄认知进入了游戏。马力欧一直是个大好人对吧？

才怪。我就从那堆可怕的教育类游戏里找个例子来讲讲吧。路易吉在里面参观各种城市并寻找文物，回答各种无关痛痒的问题。这明显和我期待的完全不一样，但是我怎么能想得到呢？ ✱

# 超级马力欧兄弟 3

马力欧的第三部 NES 作品是玩家公认的系列最佳游戏。让我们跟随阿什利·戴（Ashley Day）的脚步看看为何玩家的评价至今依然适用。

## 专家速成

**游戏发售前**，《超级马力欧兄弟 3》在好莱坞电影《小鬼跷家》中登场，为发售造势。

**任天堂**曾一度考虑为马力欧做一件人马装，但后来还是选择了浣熊装。

**酷霸王 7 人组**成员的名字来源于名人姓名，而这些角色的原型是宫本茂手下的 7 位工程师。

**《超级马力欧兄弟 3》**以 1700 万份的销量稳坐史上销量最佳非捆绑类游戏宝座。游戏的 Virtual Console 版本和 GBA 版本分别售出 100 万份和 500 万份。

**《超级马力欧兄弟 3》**的独创性大地图元素也被一些后续作品使用。《超级马力欧世界》中的大地图画风更加简洁。两部《超级马力欧兄弟》游戏中的大地图则更接近《超级马力欧兄弟 3》的大地图。

**《超级马力欧兄弟 3》**是美国国会图书馆（US Library of Congress）"Game Canon"倡议收藏的 10 部游戏之一，也是名单中唯一一款日本游戏。

**服装强化道具**也被后续的《超级马力欧银河》采用，这一次是蜜蜂装、害羞幽灵装和弹簧装。

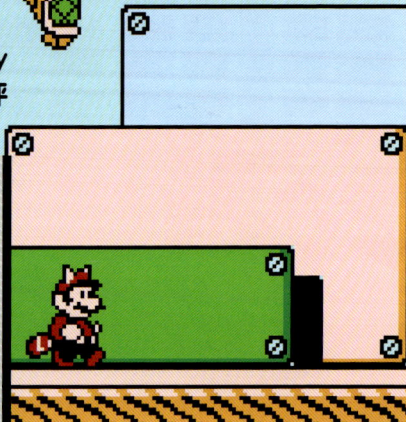

不论你是否有钱在 NES 发布的时候就买上一台，对电子游戏业界来说，它始终是一个具有里程碑意义的转折点。继 Atari 2600 的盛世、粗制滥造的 Sepctrum、C64 电脑游戏以及劝退普通玩家的街机厅之后，任天堂其貌不扬的"灰机"诞生了，而且仅靠一条简单的原则就改变了一切：让游戏变得有趣。虽然任天堂游戏并非款款精品，但每款都容易上手、操控流畅、难度适中，让游戏成为探索另一个精彩世界的美妙窗口。其实电子游戏早就该做成这样了，只是在 NES 到来前还没人意识到这点。

《超级马力欧兄弟 3》无疑是 NES 世代的瑰宝。如果说此前的两部马

（下转第 100 页）

» 马力欧

» 超级马力欧

 » 路易吉

 » 狸猫马力欧

 » 火焰马力欧

 » 青蛙马力欧

 » 锤子马力欧

 » 浣熊马力欧

 » 炸弹兵

 » 炮弹先锋

 » 钢盔龟

 » 鱿鱿

 » 飞旋镖兄弟

 » 害羞幽灵

 » 汪汪

 » 栗宝宝

 » 锤子兄弟

 » 泡泡鱼

 » 电水母

 » 碎碎龟

 » 慢慢龟（绿）

 » 飞行龟（绿）

 » 慢慢龟（红）

 » 鞋子栗宝宝

 » 朱盖木

 » 迷你栗宝宝

 » 飞行栗宝宝

 » 吞食花

 » 扳手仔

 » 重量级兄弟

 » 加邦

 » 刺刺龟

 » 地藏马力欧

 » 咚咚

 » 伊吉

 » 拉里

 » 雷米

 » 洛德威格

 » 莫顿

 » 洛伊

 » 温缇

 » 酷霸王

## 媒体评价

来自游戏媒体的观点……

"一旦开始就停不下来的游戏，让你总是期待下个转角的惊喜！我整晚都在玩！"

——朱利安·里格纳尔，
*Mean Machines*杂志，
1991年

## Twin Galaxies 高分榜

### 单关最快通关
■姓名：理查德·乌雷塔（Richard Ureta）
■耗时：00:11:15

### 最快通关（不使用跳关哨子）
■姓名：凯尔·格韦特（Kyle Goewert）
■耗时：01:27:34

### 5 命通关
■姓名：凯尔·格韦特（Kyle Goewert）
■分数：2568080

» 图示的拼图小游戏是主线关卡间的一个奖励关卡。

（上接第 98 页）

▶ 力欧作品展现出了远超同时代其他作品的水平，那《超级马力欧兄弟 3》就展现出了远超任天堂已有作品的水平。《超级马力欧兄弟 3》继承了原作的经典设置，并在各个层面上充分拓展，成了一部体量更大、时间更长、更有深度，甚至影响更大的游戏。游戏中近乎无穷无尽的互动内容成了 NES 游戏的缩影，也确立了马力欧系列在电子游戏领域的特殊地位。

　　《超级马力欧兄弟 3》乍看之下并不像一部具有划时代意义的游戏，

## 强化道具

马力欧游戏的一大特色就是强化道具。《超级马力欧兄弟 3》也包含一些系列最佳道具。

**» 超级蘑菇**
最受喜爱的老朋友，让马力欧变大成为超级马力欧。效果和额外生命类似。

**» 火之花**
也是一个经典道具，使马力欧在一定时间内获得扔火球的能力。

**» 无敌星**
使马力欧获得暂时的无敌效果。

**» 青蛙装**
让马力欧变身青蛙马力欧，使他跳得更高，并且获得游泳的能力。

**» 鞋子**
稀有道具。我们还在里面发现了一只跳来跳去的栗宝宝。马力欧可以把它当作交通工具使用。

**» 超级树叶**
让马力欧变身浣熊马力欧，并获得飞行的能力。

**» 锤子**
让马力欧变身为锤子兄弟的样子，并获得扔锤子的能力。

开场的几秒钟几乎与《超级马力欧兄弟》完全一致。玩家控制着一个叫"马力欧"的小人儿，只有跑动和跳跃两个动作，蘑菇还是那个吃了身体会变大的蘑菇，敌人还是那批包括栗宝宝和慢慢龟在内的敌人，消灭敌人的方式还是以往的那个套路。只有马力欧背后"新装修"的场景　　　　　在暗示这是个新游戏。

### 游玩选项

　　其实游戏的第一关就能让　　　　　玩家感受到这款游戏的非凡。第一关差不多过半的时候，我们就　　　　　见到了众多新增强化道具中的第一件道具——一个把马力欧变成浣熊　　　马力欧的超级树叶。变身后的浣熊马力欧脑袋上顶着一双尖耳朵，屁股后面拖着一条带条纹的尾巴。更神奇的是，只要快速奔跑足够长的时间，就可以让浣熊马力欧飞起来，收集到一堆隐藏在高空中的金币。到这里，游戏的基调就确定下来了。《超级马力欧兄弟 3》注定是一款处处有惊喜、处处有宝藏的游戏，这让大部分仅满足于浅显的隐藏设置的游戏相形见绌。

　　当然，任天堂，更准确地说，是宫本茂，此前就已经拿隐藏设置做过文章了。谁会不记得《超级马力欧兄弟》World 1-2 里在关卡顶部跑过整关获得跳关哨子的经历呢？谁又会忘记《塞尔达传说》里海拉鲁大陆围墙和草丛背后隐藏的各种秘密呢？我们都知道宫本茂擅长利用孩童般的好奇心和探索欲创作游戏。在《超级马力欧兄弟 3》中，他将这种好奇心转变成了一种艺术形式，让蘑菇王国的每寸土地中都埋藏着秘密和随机事件。

　　游戏甚至连菜单都充满浓郁的趣味沙盒风。不同于简单的一关接一关的推进方式，《超级马力欧兄弟 3》将一个类似桌游地图的界面展现在玩家面前，让玩家操控马力欧在界面上选择接下来要挑战的关卡，或者进入小游戏放松，又或者思考怎样跳关。拿地图上的锤子兄弟举个例子，只要撞见其中之一，玩家就会被传送去和马力欧系列最厉害的两个敌人 PK。大部分人都对这两个家伙避之不及，但玩家如果足够勇敢并且战胜它们，就会获得一件随机强化道具。运气好的话，玩家可能会拿到锤子，用它打破地图上的某些岩石，就可以开拓出新的通关路径。

### 穿越时间的经典

　　我们当然不能忘了《超级马力欧兄弟 3》里的跳关哨子。和初代游戏的跳关水管一样，跳关哨子可以让玩家跳到后面一些更具挑战性的关卡，但找哨子是个更加艰难的挑战。比如，第一个哨子就要求玩家发现自己可以绕到 World 1-3 的背景中，而玩家必须要在一个毫不起眼的白色砖块上趴上数秒才能 ▶

## 难忘时刻 | 任天堂 NES 史上最佳游戏精华特辑

### 帷幕升起

伴随着灯光打开和巨大的帷幕升起，《超级马力欧兄弟3》以一种舞台剧的方式开场。虽然我们不知道任天堂哪儿来的点子，但这样的开场放在任何 NES 游戏上，都会是最难忘、最有标志性的开场之一。

### 捉迷藏

在任意一个白色砖块上趴上数秒，马力欧就会从砖块上掉下来落到舞台的背景里。有时候这么做纯属图个乐，有时候它能让马力欧发现非常厉害的秘密。

### 问题砖块

第一关里有个置于地面的问题砖块，这可难住了习惯"以头抢砖"的《超级马力欧兄弟》玩家。解决方法是抢起龟壳砸向砖块。就这么简单。

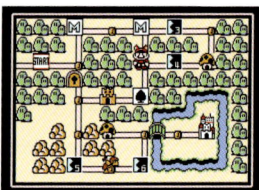

### 非线性元素

走到 World 1 地图上的某个点的时候，你会恍然大悟：《超级马力欧兄弟3》的一大选择要素来了。光这第一个路口就有 4 个不同选项。

### 滑滑梯

在类似图示的滑坡上积攒一些速度，然后按住下键，马力欧就会坐着一路滑下去，并且撞开路上所有的敌人。《超级马力欧兄弟3》最擅长制造这样让人心情愉悦的瞬间了。

▶ 发现这个秘密。进入背景之后，马力欧就可以一路跑过整个关卡，而不受敌人的攻击。跑过终点后，马力欧会进入奇诺比奥的家并获得跳关哨子。

其实这已经算是《超级马力欧兄弟3》中比较容易发掘的秘密了。游戏中还有一个把锤子兄弟变成飞艇的秘密。要触发这个秘密，玩家必须以偶数时间完成一个关卡，同时金币数还得是 11 的倍数。这个秘密主要用于营造游戏的神秘感和体现游戏的随机性，而其他类似于上述跳关哨子的秘密则主要是为了激发玩家的探索欲。

» 图中英文意为：太可怕了！国王被人变身了！请找到魔法棒，帮我们把他变回来。

### 愚蠢的国王
什么？2D 的马力欧游戏里居然有过场动画？这些 boss 战之前的动画挺不错的，但就是老把蘑菇王国的一国之君变成各种滑稽的东西。

### "蛙泳"狂人
《超级马力欧兄弟 3》里的青蛙装是史上最厉害的强化道具之一，也是 NES 时代的传奇。穿着它肆意探索的感觉太棒了，它能让你更自在地进行水下探索。

### 老朋友
朱盖木在《超级马力欧兄弟 3》中回归，但我们觉得这称不上"期待已久的回归"，毕竟它还是那个小讨厌鬼。还好它后来被降级去搞摄像、拎交通信号灯什么的了。

### 小大马力欧
World 4 的"大人国"关卡设计虽然简单，但在 NES 时代是相当惊艳的存在。而这个广受好评的设计也在后期的《超级马力欧银河 2》中回归。

### 地藏马力欧
狸猫装是升级版的浣熊装，它可让马力欧身上长出绒毛，头上长出耳朵，屁股后面长出尾巴。在穿着狸猫装的时候按住下键和 B 键就能让马力欧变成地藏雕塑，进入无敌状态。

### 全副武装
鞋子可能是整个《超级马力欧兄弟 3》最稀有的道具了，只在少数几个关卡中出现。它同时也是马力欧游戏中最奇怪的道具之一。你觉得这个鞋子里会不会住着某个古怪的老奶奶一家呢？

　　不论怎样，这些设定都使《超级马力欧兄弟 3》成了超前于那个年代的游戏。它是一个经得起反复游玩的游戏，每玩一遍都能收获新的惊喜。它是一个领先多线叙事 RPG 好几年把选择权交到玩家手中的游戏。它也是一个充满新奇探索元素的游戏，甚至衍生出了许多神乎其神的推测供玩家交流探讨。三十多年过去了，它仍旧是一款持续为我们带来惊喜的游戏。

《超级马力欧兄弟3》的结局也不失幽默感。看看桃花公主就知道了。还真是开玩笑不嫌事大!

» 图中英文意为:谢谢你!但我们的公主在另一个城堡……开玩笑的啦!哈哈哈!拜拜。

## 世界之旅

蘑菇王国在系列游戏中的呈现方式千奇百怪,但《超级马力欧兄弟3》第一次将蘑菇王国的结构如此清晰地展现在我们面前。接下来让我们从互动地图界面、关卡、关卡中的高能 boss 战几个角度进一步了解蘑菇王国。

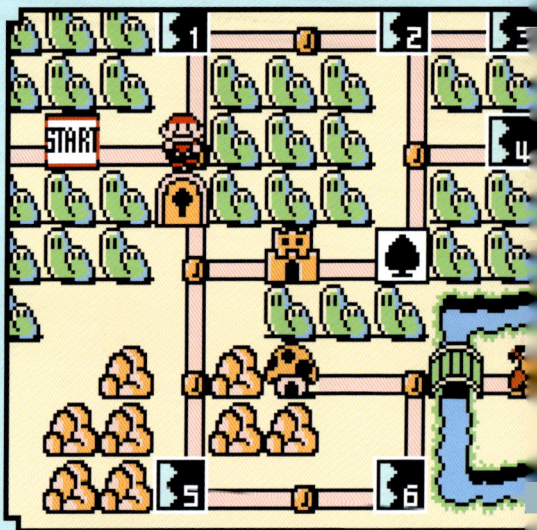

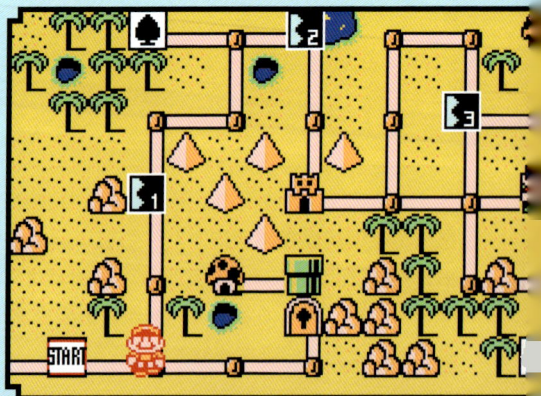

## WORLD 1

World 1 以温和、零风险的特征开局，连为数不多的那么几个敌人也都是相对较弱的类型，但难度很快就升级了。通关之前，你会面对一系列通向深渊的冰滑坡，对抗恶心的飞旋镖兄弟，乘着飞艇穿过从四面八方射来的炮弹。真是不容易！

BOSS: 伊吉（Iggy）

由酷霸王的 7 个孩子组成的"酷霸王 7 人组"的成员之一，以现实中的摇滚音乐人伊基·波普（Iggy Pop）的名字命名。不过它手里拿的可不是麦克风，而是一根致命的魔杖。伊吉可以用它来对马力欧进行攻击。还好躲伊吉还是蛮容易的，对着伊吉的脑袋踩 3 下就能送它出局了。

## WORLD 2

World 2 的沙漠里藏着许多意想不到的敌人，包括一直躲在沙土块下的迷你栗宝宝。我们现在熟知的害羞幽灵也在 World 2 的一关中登场，它会一直追着你跑，不过只要你看着它，它就会停下来。甚至还有一关你会被太阳攻击。奇奇怪怪。

BOSS: 莫顿（Morton）

莫顿没有兄弟伊吉那么让人头疼，它手里也拿着一根魔杖，它的魔杖可以一下子发射好几个弹跳炮弹。莫顿的名字也来源于真人：美国音乐人、歌手、脱口秀主持人小莫顿·唐尼（Morton Downey Jr.）。

## WORLD 3

World 3基本都是水下关卡，包括一些马力欧系列最难对付的关卡。那只从深渊里跳出来要把马力欧一口吞掉的大鱼尤为难缠。还好我们的这位英雄水管工有件不错的新道具——青蛙装。青蛙装能赋予马力欧更强的游泳和跳跃能力。

BOSS：温缇（Wendy）

这位酷霸王的独女在World 3里等着马力欧。不过，她可不是位公主。和她的兄弟一样，温缇的武器也是一根魔杖。这根魔杖能发射出一系列环状攻击物。温缇的名字来源于朋克乐队"The Plasmatics"的女主唱温迪·威廉斯（Wendy O. Williams）。

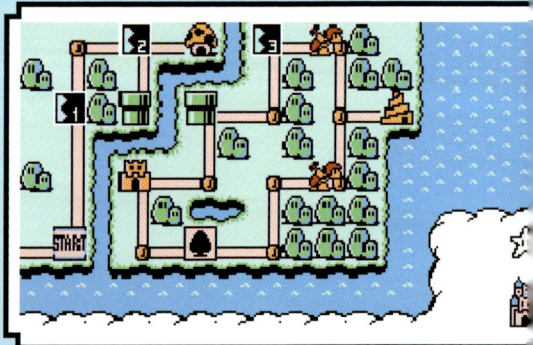

# WORLD 4

World 4 刚开始的几关会给你一种重回 World 1 草原的感觉，直到你遇到敌人。World 4 里的敌人都要比之前的正常形态大上好几倍。还好，与之对应的很多东西也变大了，包括云。马力欧现在可以安全地在云端跳跃了。

### BOSS: 拉里（Larry）

又一个 boss，又一个酷霸王 7 人组成员，又拿着魔杖。拉里不算是一个很强的 boss，但 World 4 本身已经很难了，需要一点调剂。拉里是酷霸王 7 人组里唯一一个不是以音乐人命名的 boss。它的名字来源于著名脱口秀主持人拉里·金（Larry King）。

# WORLD 5

在 World 5 的前半部分，马力欧还在熟悉的草原探索，而到了后半部分，马力欧就开始了云端探索。然而，高空作业意味着一件事：稍有不慎就会殒命深渊。

### BOSS: 洛伊（Roy）

酷霸王 7 人组中最危险的成员之一。洛伊可以通过踩地板发出冲击波。一旦被击中，马力欧就会被击晕好几秒钟。所以，还是让马力欧在天上待着吧。洛伊的名字来源于美国歌手罗伊·奥比森（Roy Orbison）。

## WORLD 6

World 6 才是困难的开始。光滑的冰面、长刺的地板、各种各样的敌人悉数登场。操控过程中一不小心，马力欧可能就一命呜呼了。做好心理准备多来几次吧。

BOSS：雷米（Lemmy）

骑着一只大橡胶球的雷米会发射一堆弹跳球攻击马力欧。场面相当混乱，而且很难毫发无损地过关。不过我们还是会原谅雷米，谁叫它和英国的速度金属乐队"摩托头"（Motörhead）的灵魂人物雷米（Lemmy）的名字一模一样呢。

## WORLD 8

那些靠着跳关哨子跳关到最后这个世界的玩家恐怕立马就后悔了，因为他们的技能完全不足以对付这里的挑战。在这里，马力欧要面对酷霸王军队的一大堆巨型坦克带来的攻击。本关，以及接下来的那几关，都堪称马力欧史上最难关卡。

BOSS：酷霸王（Bowser）

在 World 8 里等待马力欧挑战的是酷霸王。而它也够格压轴出场。你不可能准确地打伤它。躲开它的火球，想办法引导它到台子的中间就行，让它在那里多踩几脚，整个地板就会垮掉，而酷霸王就会跌入下面的岩浆里。

# WORLD 7

作为本作的倒数第二个世界，World 7 给了马力欧一个重温旧梦的机会，所有关卡都是由水管构成的。结果有好有坏：一些水管通向秘密宝藏，而另一些则住着讨人厌的敌人。小心行事，马力欧。

## BOSS: 洛德威格（Ludwig）

身为酷霸王的二把手，洛德威格的体重也不容小觑，每走一步都和莫顿跺脚一样厉害。它的名字来源于路德维希·范·贝多芬（Ludwig Van Beethoven）。洛德威格也是马力欧动画里的欢乐源泉，因为它总想创作出美妙的音乐但却总是失败。

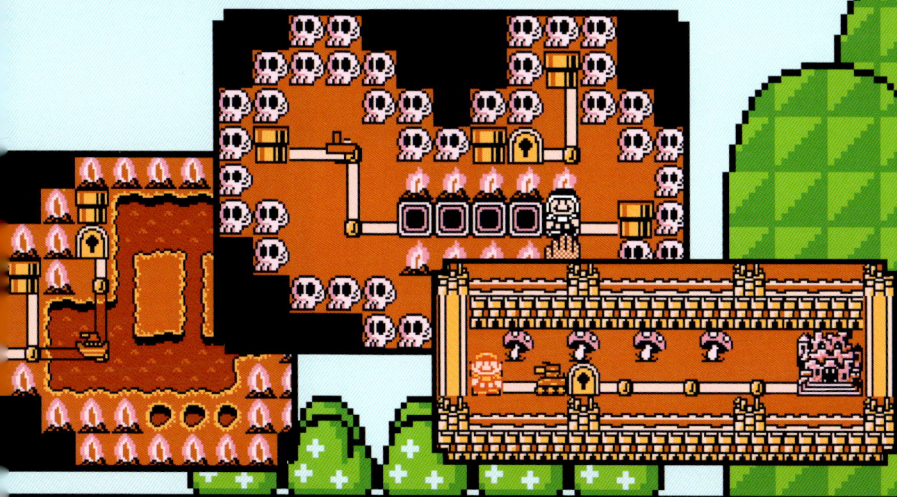

# 马力欧医生

**玩腻了《俄罗斯方块》？来玩《马力欧医生》试试。**

» NES » 任天堂 » 1990年

药片和任天堂，这是两个几乎不可能同时出现的词语，除非你说的是《马力欧医生》。任天堂第一开发部给《俄罗斯方块》套了件五彩斑斓的马甲并把它带到了 NES 上，并且在游戏中充分利用了医疗处方概念。

在漫长的电子游戏生涯中，马力欧尝试过各种各样的角色。他打过高尔夫，做过拳击裁判，甚至还踢过足球。但在 1990 年，这位多才多艺的小胖子却毅然抛弃了水管工的老本行，当起了医生。没人知道世上一共有多少水管工医生，但我猜你肯定会以为马力欧是那种专攻"人体下水道泄漏"相关疾病的医生（咦，真恶心。——《复古玩家》杂志编辑注）。

《马力欧医生》就是华丽改版后的《俄罗斯方块》。马力欧在游戏中开出各种处方药片给玩家围堵那些满屏跑的恶心细菌。要杀死一个细菌，玩家需要将 4 个颜色相同的药片排成一排，放置在细菌的旁边或上方，而且必须要调整药片的方向才能把颜色相同的药片拼在一起。只要把屏幕上的所有细菌消灭干净就可以获得胜利。所以，运气好就能迅速药到病除，结束治疗。

由于《马力欧医生》用的是彩色方块，而非《俄罗斯方块》的单色方块，所以游戏也就多了一个需要考量的因素。玩家在排列方块时，不仅要考虑形状，还要考虑方块的颜色，这样才能确保胜利。索性游戏配有便捷的选择界面让玩家选择细菌等级，谨慎选择要挑战的细菌数量以及药片的下降速度就可以轻松上手。

《马力欧医生》是个被玩家忽视的珍宝，它具备恰到好处的难度、出色的双人模式，它对经典游戏进行了全新改编。如果你正在寻找一款不错的益智游戏，我这个"庸医"会推荐你试下《马力欧医生》。✱

# Dr.MARIO

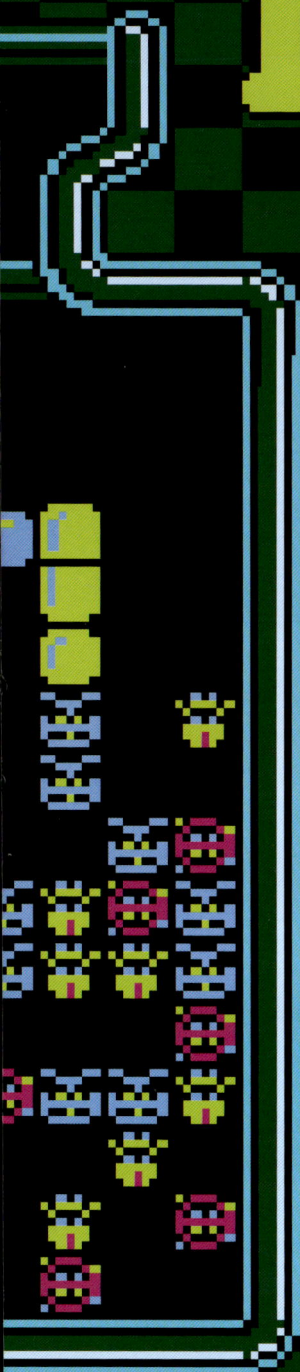

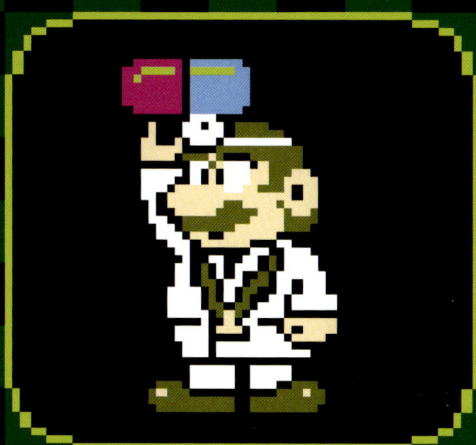

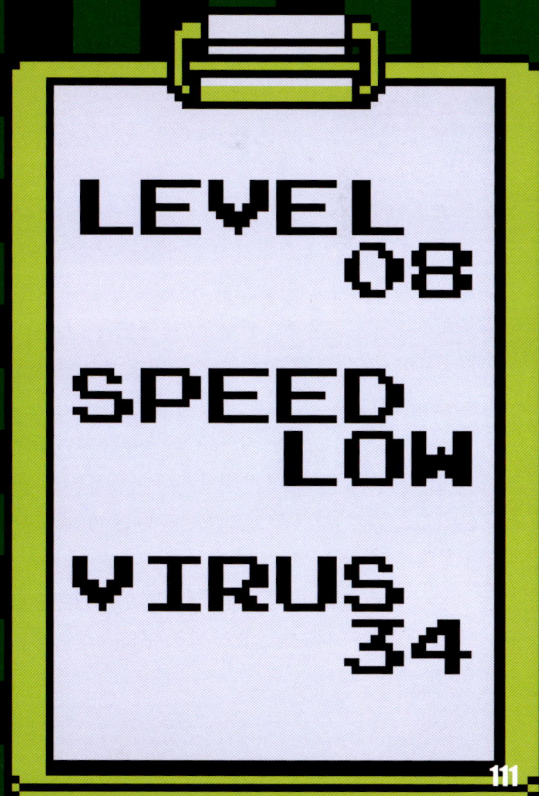

LEVEL 08

SPEED LOW

VIRUS 34

# 《超级马力欧 RPG》幕后故事

## 七星传说

1996年是SNES的退役之年，但任天堂并不打算让SNES就这么默默退场。索雷尔·蒂利（Sorrel Tilley）和总监藤冈千寻为你独家揭秘《超级马力欧》的SNES告别之作。

### 信息栏

- » 发行公司: 任天堂
- » 开发公司: 史克威尔
- » 发行时间: 1996 年
- » 游戏平台: SNES
- » 游戏类型: RPG

拥有 SNES 无疑是一件幸福的事。仅用了不到 5 年，SNES 的游戏库里就堆满了各式各样的经典游戏，而史克威尔和任天堂共同打造的几款游戏则是其中的佼佼者。光是提到《最终幻想 6》(*Final Fantasy VI*)、《时空之旅》(*Chrono Trigger*)、《超级马力欧世界》这几个游戏的名字，就足够让玩家陷入怀旧情绪。可惜再好的主机也有告别舞台的一天，不过在 SNES 的生命周期即将结束之际，在两个公司的层层大门背后，任天堂和史克威尔的高层们正策划着一个史无前例的合作，一次两个游戏开发巨头之间的强强联手。

正是这次合作促成了任天堂大胡子水管工的首次 RPG 冒险。史克威尔公司的藤冈千寻对此回忆道："最早的项目构思是由高层会议决定的，在我接手项目的时候，就已经确定下来了，不过

» 眼尖的人会在游戏中发现不少任天堂游戏里的小角色。
（图中英文意为：为了母脑[1]，我得好好休息。）

## 最开始我们考虑过让马力欧使用武器和魔法，但最后的结论是锤子和跳跃更适合他。

我听说促成合作的原因是两家公司在当时的紧密关系，而项目合作能将两家公司的长处结合在一起——马力欧和 RPG 开发。"

马力欧 RPG 这个概念本身并不复杂，但却面临许多执行层面上的挑战。把一个深受喜爱的游戏角色放到新游戏类型中还要让粉丝喜欢是件伤脑筋的事。藤冈千寻回忆说："整个游戏的世界观还有剧情都变了。最开始我们考虑过让马力欧使用武器和魔法，但可想而知，最后的结论是锤子和跳跃更适合他，所以我们对设定和剧情进行了相应的调整。甚至在游戏开发过程中我们还在反复思考是否让马力欧使用武器和魔法。宫本茂先生在这件事上也拿不定主意。直到我们一起参加一个杂志社组织的活动时才最终确定想法。

"当时是在 V Jump 庆典上。V Jump 是集英社旗下的游戏月刊杂志。活动邀请读者来到现场，宣传发行商即将发售的游戏。那是我们第一次对外展示《超级马力欧 RPG》。我还记得读者以及工作人员惊讶的样子。当时正好是我们必须敲定马力欧进攻方式的时候——究竟是武器加魔法，还是锤子加跳跃？我和宫本茂先生在活动后台的时候都还在讨论这件事。轮到我们介绍游戏的时候，我说：'就用观众的掌声决定吧。'宫本茂先生半信半疑地说：'这么做真的没问题吗？'不过最后我们还是这么做了。

"不过说实话，团队内部也觉得马力欧最好还是用锤子和跳跃进行攻击。让观众决定其实风险很大，但我使了点小诡计引导观众给出我 ▶

①母脑（Mother Brain）是任天堂游戏《银河战士》（Metroid）中的角色。——译者注

**113**

▶ 们想要的答案。首先，我用正常且商务的语气突然说：'觉得基于游戏的 RPG 类型，马力欧应该使用武器和魔法攻击的，请鼓掌。'没什么人鼓掌。然后，我用充满能量且兴奋的语气大声说：'不过这是一款马力欧游戏，所以让他使用锤子和跳跃攻击肯定更合适，对吧？同意的请鼓掌！'台下掌声雷动。所以事情就这么定下来了。抱歉让你担心了，宫本茂先生！"

# 马力欧的斜杠人生

## 还有什么马力欧没尝试过的游戏类型吗？ 没有……

### 《马力欧绘图》（ *Mario Paint* ）

1992 年，马力欧全情投入艺术创作。他的音乐生成器至今在 YouTube 上依然十分流行。

### 《马力欧医生》（ *Dr. Mario* ）

处方签已就绪，马力欧医生保证你药到病除。

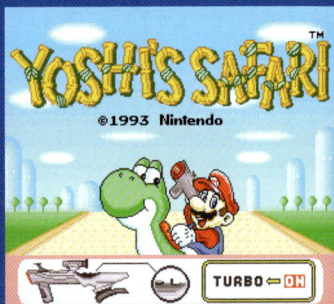

### 《耀西的旅行》（ *Yoshi's Safari* ）

在这款卷轴射击游戏中，马力欧一尝射击快感，他的恐龙搭档耀西也一同出演。

### 《马力欧纪念册》（ *Mario No Photopi* ）

只有日本 N64 玩家才有幸游玩的图片编辑游戏。

### 《马力欧与瓦力欧》（ *Mario & Wario* ）

用鼠标保护脑袋上罩着铁桶的马力欧！

除了马力欧在 RPG 中的惊喜现身，马力欧的 3D 形象也让玩家感到惊艳。游戏的开发工作在美国硅图公司（Silicon Graphics）生产的工作站上展开。此前的《森喜刚国度》系列就是任天堂授权 Rare 购买这些机器并开发的。尽管当时《超级马力欧 RPG》的 2D 版已经开发完成，但这个 2D 版主要用于在迈向 3D 前进行马力欧动作和技能的测试。

» 此处可见史克威尔对《森喜刚国度》的致敬。

"那个时候，史克威尔正在努力打磨游戏的视觉效果，而且已经在 2D 版本上将 SFC 的硬件性能运用到了极致。" 藤冈千寻说，"问题是接下来怎么做。我觉得向 3D 过渡是个自然而然的选择。现在想起来，史克威尔团队确实也是朝着这个方向推进的。当然最开始我们手上的还只是个传统平面视角的 2D 版马力欧，不过我们在相当早的阶段就把它改成了 3D 立体视角，之后

» 除了全新的人物形象和敌人，传统系列主题通过《超级马力欧 RPG》的新角色重新得到了诠释。

也对整个图形设计做出了相应调整。即使有 SA-1 芯片的辅助，SFC 依旧无法支持 3D 实时显示，所以我们采用了预渲染技术。"

这里提到的 SA-1 芯片是任天堂的又一独门"武器"，SNES 上的游戏也是得益于这个芯片才能做到不断演进。当世嘉为延续 Mega Drive 的寿命开发各种外设时，任天堂的选择则是在游戏卡带中内置特殊处理芯片来提升硬件性能。其中最有名的是 Super FX 芯片，它可以实现《星际火狐》（*Star Fox*）和《特技立体赛车》（*Stunt Race FX*）中的那种实时 3D 效果。SA-1 芯片在日本以外并不常见，仅有 3 款搭载该芯片的游戏在日本以外的地区上市。"SA-1 芯片的处理性能是 SFC 的 4 倍。" 藤冈千寻说，"再加上 SFC 主机 CPU 本身的处理性能，总体性能达到了原来的 5 倍。《超级马力欧 RPG》没有使用多边形，但游戏整体使用了 3D 场景，所以我们就将剩余的性能运用在了图像运算上。" ▶

## 开发者高光

**《圣剑传说 2》（*Secret of Mana 2*）**
**（配图所示）**
平台：SNES
时间：1993 年

**《最终幻想》（*Final Fantasy*）**
平台：NES
时间：1987 年

**《异度装甲》（*Xenogears*）**
平台：PlayStation
时间：1998 年

> **《超级马力欧RPG》的角色阵容以及轻松的剧情也赢得了玩家的青睐和优秀的口碑。**

▶　虽然《超级马力欧 RPG》的开发工作由史克威尔负责，但任天堂也没有袖手旁观，没有让史克威尔独自面对在使马力欧向 3D 和 RPG 过渡过程中遇到的问题。"那是一次紧密友好的合作。任天堂给予了我们各种各样的新技术支持，首先是 SA-1 芯片，还有在 SFC 上呈现伪 3D 效果的一些想法。"藤冈千寻回忆说，"一开始宫本茂先生就经常来与我们见面讨论，我们后来甚至还一起登上了 V Jump 的舞台。他给我提了两个重点：一是谨慎处理马力欧的 RPG 作品，不要破坏马力欧体系的设定，二是确保游戏好玩。我在开发前期阶段向他展示了《超级马力欧 RPG》的核心玩法时说：'我想实现大家都想做却没能做到的东西。'宫本茂先生认可了我的想法。"

　　藤冈千寻记得宫本茂还曾在他为游戏中的黄色移动砖块编写脚本时给过他一些建议。宫本茂留意到玩家很可能会从这些砖块上滑落，建议藤冈千寻想办法让马力欧落在砖块上的瞬间稍微暂停一下砖块。"我立刻修改了代码，游戏体验真的提高了。看到宫本茂先生本人对游戏操控提出修改意见是令人难忘的经历。"

　　"项目的难点在于如何处理马力欧在 RPG 中的动作元素，以及具体的实施问题。就编程和脚本而言，游戏内几乎所有事件都包含互动元素，编写代码工程量非常大。从背景到人物和道具的所有东西都有 3D 数据，而我们又是第一次面对这些问题，所以做得相当艰难。"

　　即使有 4MB 容量的卡带以及 SA-1 芯片的加持，游戏的体量依然庞大到难以容纳。"有件关于游戏内容的事，开发团队可能都记不起来了。我们本来计划在游戏的后半部分加入一个会在战斗中变形的 boss。我说服程序员编写了一个变形系

统，他们也立刻照做了，不过现在我已经想不起来这个boss长什么样了。我还给这个boss画了两张草图，感觉这两张草图应该是在测试阶段做了彻底调整。"不幸的是，当时开发团队为了腾出 ROM 空间删除了许多内容，而这个变形怪 boss 也就这样化为了泡影。

　　"还有许多项目初期产生的概念没能在最终的游戏里实现。但准确地说，并不是我们无法实现这些概念，而是这些概念成了我们创作的出发点，也就是说这些想法随着游戏的开发进程改变了。比如，我们想让马力欧在地图的一个部分使用道具，引发地图其他区域内各种道具的连锁反应。所以，'连锁反应'就成了早期我们展开创作的关键词。以这个概念为出发点，我们编写了所有区域中以动作为核心要素的事件。"

　　《超级马力欧 RPG》因技术成就为人称道，游戏的角色阵容以及轻松的剧情也赢得了玩家的青睐和优秀的口碑。甚至连马力欧的宿敌酷霸王都在游戏中首次扮演喜剧角色，非但没有绑架桃花公主、迫害其他玩家角色，反而还加入了他们的冒险，一边为自己被盗的城堡伤心落泪，一边吟诵俳句感慨自己的孤独，还试图劝大家相信马力欧已经加入了他的阵营。"宫本茂先生没有给我们定任何限制。他基本上把事情放手给我们处理，不过他也跟我们说过希望在游戏中使用哪些角色。"藤冈千寻回忆说，"开发团队里有许多热爱喜剧和脱口秀的人，所以也就造就了这样的游戏风格。酷霸王丰富的台词和表情都是负责每个区域和事件的工作人员自由创作的结果。多亏宫本茂先生没有生气。"

　　《超级马力欧 RPG》的原创角色之中最出名的就是 Geno。虽然碍于史克威尔和任天堂之间的官司纠纷，Geno 没能全面回归，但他却始终有群狂热粉丝。"我最近才知道原来 Geno 这么受欢迎，所以我让他在《马力欧与路易吉 RPG》里露了个脸。（大笑）我也想知道他为什么这么受欢迎！我觉得大家喜欢他是因 ▶

» 就没人尊重咱们的酷霸王吗？（图中英文意为：桃花公主：哦！！！别理那个笨蛋！）

117

# 更多马力欧RPG衍生作品

**当史克威尔搭上了索尼之后，马力欧的RPG之路前途未卜。**
**粉丝倒十分开心，因为他们就此有了两个衍生系列。**

## 《纸片马力欧》（*Paper Mario*）

时间：2000 年　平台：N64

没了史克威尔，游戏的名字也要做出调整，所以《超级马力欧 RPG 2》就更名为了《纸片马力欧》。步了前作的后尘，该作也在平台生命的末期发售，并展现出了惊人的视觉效果，但不同处在于：本作的马力欧跟纸片一样薄！

## 《纸片马力欧：千年之门》（*Paper Mario: The Thousand-Year Door*）

时间：2004 年　平台：GameCube

Intelligent Systems 公司开发的第二部游戏也广受好评。游戏基于纸片主题进一步拓展游戏玩法。马力欧可以使用咒语将自己变成飞机、船和管子。含有酷霸王的横版卷轴桥段为该作的 Wii 平台续作铺平了道路。

## 《超级纸片马力欧》（*Super Paper Mario*）

时间：2007 年　平台：Wii

系列的第 3 部作品依然通过 2D 和 3D 概念的巧妙运用为玩家带来了惊喜。《超级纸片马力欧》让这位水管工重回平台跳跃，但有一点不同——马力欧可以在 2D 和 3D 之间自由切换。

▶ 为他是木偶变的。他身上似乎有某种深刻的东西。"

《超级马力欧 RPG》在 N64 推出的前几个月发售并大获成功。"当时正值 SFC 玩家最多的时候，所以游戏卖得特别好。随着 N64 的出世和史克威尔叛逃 PlayStation，我们再也没能推出游戏的续作。"

此外，制作马力欧的最后一部 SNES 作品肯定是段有苦有甜的经历。"我们什

## 《马力欧与路易吉 RPG》(*Mario & Luigi: Superstar Saga*)

**时间:** 2003 年　**平台:** GBA

该作由 AlphaDream 开发,藤冈千寻参与制作,常被视为《超级马力欧 RPG》的正统续作。为什么呢?"大概是因为两部作品使用了同样的战斗系统,邀请了同样的作曲家(下村阳子),而且走的都是喜剧风。鉴于《马力欧与路易吉 RPG》是为掌机平台打造的,而且还有路易吉出演,所以我认为它应该能和《纸片马力欧》共存。"

## 《马力欧与路易吉 RPG 2》(*Mario & Luigi: Partners In Time*)

**时间:** 2005 年　**平台:** NDS

你可能已经猜到了,《马力欧与路易吉 RPG 2》利用 NDS 的双屏显示在初代游戏的基础上进一步拓展了马力欧和路易吉之间的互动。马力欧宝宝和路易吉宝宝的出现发展出需要 4 人共同协作才能解决的谜题,使玩家一同踏上穿越时空的冒险之旅。

## 《马力欧与路易吉 RPG 3》(*Mario & Luigi: Bowser's Inside Story*)

**时间:** 2009 年　**平台:** NDS

这部系列最新作品有种类似电影《惊异大奇航》(*Innerspace*)的感觉。意大利水管工两兄弟被缩小,还被酷霸王吸进了肚子里。系列的第 4 部游戏会在 3DS 上发布吗?藤冈千寻说:"我们还没有决定。要是这方面呼声高的话我应该会很开心。请支持我们!"①

么都不知道!"藤冈千寻说。的确,当宫本茂在 V Jump 庆典上宣布《超级马力欧 RPG》将会是马力欧的最后一部 16 位作品时,藤冈千寻的回应既简短又不失风趣:"啥?"

---

① 《马力欧与路易吉 RPG 4》(*Mario & Luigi: Dream Team Bros.*)已于 2013 年在 3DS 平台发售。而系列最新续作《马力欧与路易吉 RPG 5》(*Mario & Luigi: Paper Jam Bros.*)已于 2015 年在 3DS 平台发售。——译者注

# 消失的马力欧

## 3个从未离开日本本土的游戏，真正意义上的"失落的关卡"。

### 信息栏

当《超级马力欧全明星》于1993年发售时，西方玩家才意识到自己根本没玩上FC磁碟机上的原版《超级马力欧兄弟2》。此外，还有许多从未在日本本土外发行的马力欧游戏，它们鲜为人知，也有不少是佳作。

» 发行公司：任天堂
» 开发公司：Hudson
» 主打平台：NEC PC-8801
» 价格估算：3000 日元
» 其他平台：NEC PC-6001mkII、NEC PC-6601、富士通 FM-7、夏普 X1
» 海淘不到？试试：《超级马力欧兄弟：失落的关卡》

　　想找重制版的《马力欧兄弟》，但又买不到日本的微机和原版游戏，也不想冒法律风险折腾开源机，那不妨试下各种马力欧游戏合辑里的《超级马力欧兄弟：失落的关卡》，它能带给你最接近日本原版的体验。该作和原版很像，只是画质好得有点跳戏。

» 传送带、升降机、移动平台、敌人、奖励戒指等。第 3 关的情况有点复杂。

**mega驱动程序**　　与以往不同，Poychi Robo 本次会介绍 3 款东方精选游戏。3 款都是马力欧游戏，都为日本电气（NEC）的 PC-8801 家庭电脑打造，都由 Hudson 公司开发。这 3 款游戏于 1983 年至 1986 年期间发售，不过没人知道 Hudson 凭什么又是怎么样拿到授权使用任天堂的 IP 的。有人说是因为任天堂看上了日本家庭电脑市场，决定找个在电脑游戏开发上更有经验的公司为其进行电脑游戏开发。奇怪的是，

» 第一关可没有看上去那么简单。平台间的空隙变化很快，而顶部的开关又老是变回关闭状态。

» 第二关的蹦床是难得一见的对《马力欧兄弟》的改编。只可惜没有枪也没有枪手，不然就是另一个游戏了……

Hudson 并没有选择直接移植原版的《马力欧兄弟》以及 NES 版的《超级马力欧兄弟》，而是推出玩法不同、关卡不同的重置版游戏。PC-8801 电脑较 NES 有更多技术限制，所以在重温游戏时，你会感觉 PC-8801 上的游戏差一些，但换个角度来说，这也意味着 Hudson 的失落三部曲在 20 年后玩起来依然有不错的老游戏质感。这 3 部游戏会让你以一种全新的方式打开马力欧游戏。

» 美元，到处都是美元。在时间截止前收集所有的美元，再拿到接下来出现的戒指，不然就什么都没有了。

### 《拳击球马力欧兄弟》

　　《拳击球马力欧兄弟》基本与原版的《马力欧兄弟》一模一样，区别是玩家不能通过踩踏的方式消灭敌人，只能靠顶 POW 砖块和扔拳击球进行攻击。马力欧和路易吉会随身携带拳击球，但每次扔出后都要手动捡回来，这种设定让游戏有了一丝射击游戏的味道。游戏还有一些有趣的改编版关卡，比如有一关里的平 ▶

**趣闻**

包括 PC-8801 在内的日本微机不仅支持一大堆奇怪的微机独占游戏，还支持许多奇奇怪怪的主机和街机移植游戏，比如《吃豆人》（*Pac-Man*）、《敲冰块》（*Ice Climber*）、《前线》（*Front Line*）。《前线》的画面看起来就像是幼儿园小朋友画的。

▶ 台会左右移动，让玩家更容易从缝隙处跌落。《拳击球马力欧兄弟》是个非常不错的游戏，让原版的《马力欧兄弟》焕发出了新的生机。真奇怪任天堂为什么没把它收录到合辑中再发行一次。

### 《马力欧兄弟：特别版》

《马力欧兄弟：特别版》像是初代街机版《马力欧兄弟》和《森喜刚》的诡异结合体。Hudson 为游戏精心制作了 4 个既独特又刺激的关卡。奇怪的是，

» 《拳击球马力欧兄弟》对原版游戏进行了有意思的改编，而且效果奇佳。任天堂怎么能忘记这些老游戏呢？

虽然本作在游戏性上优于《拳击球马力欧兄弟》，但二者的发售时间却十分接近，不禁令我们好奇是什么原因促使 Hudson 认为有必要同时开发两款风格迥异的改编版游戏。

不论怎样，《马力欧兄弟：特别版》都是对原作的出色改编，优秀的质量也值得任天堂把它拿出来再发行一次。游戏的第一关由 4 层不断移动的平台构成，平台中间的空隙会不断变换位置。玩家需要到达屏幕顶部，跳起撞击天花板上的 5 个开关并将其全部变为红色才能通关。有难度，但很好玩。第二关由 10 个蹦床组成，敌人由顶部的管道刷出。跳到有敌人的蹦床上就可以将其消灭。消灭所有敌人之后就可以进入下一关了。第 3 关开始有点复杂了（这也是 4 个关卡里最棒的一关）。这一关由 4 条传送带和 1 台位于中央的升降机组成，敌人也不少，而且必须要通过一个后期出现的移动平台才能走到出口并通关。最后一关是传统金币奖励关的变体，只不过这里将金币替换成了美元。收集所有的美元，拿到最后的戒指，就可以获得所有的奖励分。

这 4 个关卡都简短但又不失趣味，成功体现了任天堂当时的那种风范。哪怕换到 NES 上发布也没人看得出来这是一款其他公司开发的游戏。

### 《超级马力欧兄弟：特别版》

《超级马力欧兄弟：特别版》是这 3 部游戏中野心最大，但问题最多的游戏。Hudson 试图将其打造成一款 NES《超级马力欧兄弟》的重置版游戏，这也就使得本作比前两部 Hudson 游戏更有深度且更多元。

然而，这游戏完全就是在挑战玩家的耐心，感觉就像是 Hudson 的设计师有意折磨那些以原作方式玩游戏的玩家。讽刺的是，这也就意味着本作很适合现在的怀旧玩家研究把玩，不过放在当时看却是完全违背了打造重制版游戏的初衷。看上去游戏像是要安慰或者吸引那些嫉妒朋友有主机游戏可玩的电脑玩

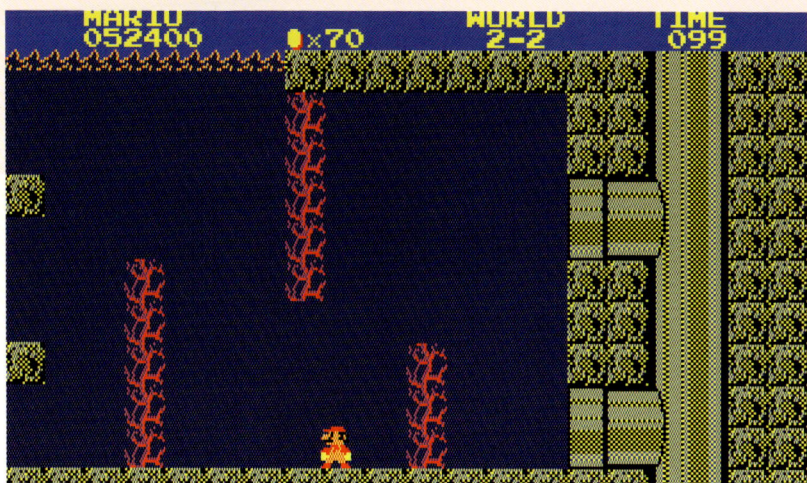

家，但那些荒谬、离谱的设计与改动又让想要体验原汁原味马力欧游戏的玩家望而却步。

　　《超级马力欧兄弟：特别版》与原作的最大区别就是游戏画面并不是平滑推进，而是"卡顿式"推进，每到画面边缘处就会停一下，然后再推进。这完全破坏了精确跳跃的时机。更糟糕的是，被踢走的龟壳在碰到画面边缘时还会反弹回来杀玩家一个措手不及。还有那些埋在墙里的水管，给人一种跳关水管的感觉，但其实哪儿也不通！隐形金币砖块的位置也令人非常恼火，在你朝着看似空无一物的地方跃起时，你会突然撞到这些砖块然后直接跌入深渊。这么恶心的操作肯定是故意的！关卡设计也同样恶心。比如在 World 4-3 里，你必须把两边的升降台都放下来，才能让两个屏幕画面之间的一个平台显示出来，不然就会卡关。尽管游戏的各种诡异操作、技术限制、高难度和粗糙感让人看到它或想到它时觉得很有意思，但游戏本身并不好玩。

## 结语

　　我们希望任天堂能将这 3 款游戏以 500 Wii 积分上架 Virtual Console，附上游戏的创作背景介绍，并且可供所有玩家游玩。本文介绍的前两部作品肯定值得上手，甚至比原版游戏还有意思。可惜许多这样的优秀作品都遗落在了时间的迷雾之中。Hudson 的马力欧三部曲必定不是完美之作，但喜欢马力欧的玩家以及喜欢平台跳跃游戏的玩家应该会感兴趣。唯有期盼老任能想通这个道理，把这 3 款游戏开放给大家玩了。

123

# 超级马力欧世界

任天堂的这部作品卖出了2000多万份的销量，并且推出了史上最厉害的主机之一。尼克·索普带你回顾超任的首部16位马力欧平台跳跃游戏。

## 最受欢迎的强化道具

**时间: 1990 年  平台: SNES**

1990 年 11 月，任天堂终于下场加入 16 位元主机争霸战之中，勉为其难地以竞争的方式争夺市场主导地位。这一次，任天堂再次以其独有的方式回应了竞争对手: 推出 SFC 主机并同时祭出电子游戏史上最棒的游戏组合拳。采用 Mode 7 技术的竞速游戏《F-Zero 未来赛车》为任天堂的竞争打下了坚实的基础，但游戏的魅力依赖它的风格以及未来感，因此它主要用以展示任天堂在技术上的优越实力。而颇有明星相的《超级马力欧世界》( 游戏的日本版副标题叫"超级马力欧兄弟 4" ) 则负责为任天堂打基础和建立熟悉度。任天堂想利用它巩固其在世界游戏开发商

无敌星
**17%**

羽毛
**47%**

超级蘑菇
**9%**

火之花
**27%**

之中的王者地位，而《超级马力欧世界》也没有让任天堂失望。

为了打造一款超越前作的游戏，任天堂集结了一个包含元老和新秀的开发团队。团队的 15 个人中，有 9 位参与过前作《超级马力欧兄弟 3》的制作，有 1 位参与过《超级马力欧兄弟 2》的制作，而剩下的 5 位没有辉煌战绩的新手则为游戏提供了新鲜的创作灵感。另一个重大变化是新游戏总监手冢卓志的加入。手冢卓志此前曾先后作为助理总监和联合总监为宫本茂效力，而宫本茂本人虽然也在 ▶

» 相扑小子很难对付。它们会向下锤出闪电，让地面着火。

» 看看这群炮弹先锋你就知道这是个不小的挑战。

朱盖木

空降炸弹兵

▶ 开发团队中，但他退居幕后，担任制作人。

在游戏的基本设计上，开发团队明智地决定不去动那些没有问题的东西。基于砖块的关卡设计对所有玩过马力欧游戏的玩家来说都十分熟悉，而马力欧的技能和能力则大部分来源于《超级马力欧兄弟3》，开发团队只做了少量的调整。马力欧的特殊形态被削减至仅火焰马力欧和斗篷马力欧两种（斗篷马力欧是一种效果与浣熊马力欧类似的新形态）。而马力欧可以像之前一样捡起道具踢，但不能直接踢道具。此外，马力欧还多了一个叫"耀西"的恐龙伙伴，耀西不仅可以驮着他冒险，还能帮他吃掉挡路的敌人。

拉拉小子

《超级马力欧世界》的主要创新在于结构。《超级马力欧兄弟》利用跳关区引入了单一关卡多重出口的 ▶

（下转第129页）

黄鼹鼠

飞行栗宝宝

飞行龟

斗篷龟

花毛毛

# 像素角色图鉴

喷射花

相扑小子

面具龟

哈库

打火龙

仙人刺球

布鲁

大鼹鼠

大炮弹先锋

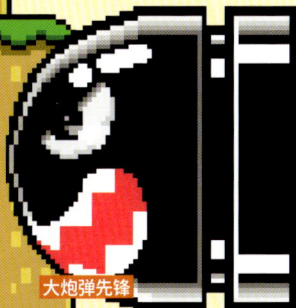

慢慢龟

邦邦龙

耀西

吞食花

小打火龙

黑吞食花

# 玩家独享

《超级马力欧世界》仅有一部非简单移植作品，而《超级马力欧Advance 2》（*Super Mario Advance 2: Super Mario World*）也确实很有意思……

任天堂在 2001 年将《超级马力欧世界》移植到 Game Boy Advance（以下称"GBA"）平台时对游戏做了不少的调整。最明显的要数跟路易吉相关的内容。游戏中路易吉的精灵图源于《超级马力欧全明星》合集中的《超级马力欧世界》，并在此基础上进行了调整。而路易吉在前作中跳得高但无法急停的特点也在本作中回归。其余角色的图像也经过了调整，而由于 GBA 没有背景光，所以游戏的整体画面都被调亮了一些。此外，虽然 GRA 版本保留了 SNES 版原作的音乐，但硬件差异使得 GBA 版的音乐听起来多少与原版有所不同。不过，在 GBA 版中马力欧、路易吉、酷霸王 7 人组都有自己的声音，而且还有一段由马力欧、路易吉、桃花公主出演的新开场动画。

《超级马力欧 Advance 2》在游戏设计方面也对原作进行了一些调整。之前没有龙币的关卡中都加入了龙币，旋转跳能抵御的敌人也变多了。而且只要你碰到过有颜色的耀西，你就可以在普通关卡中找到带强化道具的恐龙蛋，并获得和使用相应的耀西。另外，即使你被攻击了你也不会直接变小。游戏还支持随时保存进度。不管你玩的是哪一版，《超级马力欧世界》都是相当精彩的游戏，不过那些介意改动的玩家可能还是会坚定地选择 SNES 版本。

卡美克

钢盔龟

泡泡怪

尖刺河豚

瞌睡鱼

（上接第 126 页）

▶ 概念。《超级马力欧兄弟 3》将大地图的概念带到系列作品中。而《超级马力欧世界》则将以上两种概念结合在一起并加入非线性体验中。对于含有多重出口的关卡，探索额外出口通常都有不错的回报：最差也能让你找到隐藏关卡，而且还有可能让你找到跳关区，甚至是游戏中的机关宫殿。游戏中共有 4 个机关宫殿，分别对应不同颜色的砖块，每完成一个机关宫殿就能激活游戏中所有对应的砖块。激活后这些砖块通常能填补一些空隙，减少你的跳跃频率，偶尔也会成为你推进游戏进度的关键。

回顾游戏，作为一款新游戏主机的护航之作，《超级马力欧世界》在资源利用上达到了精打细算的程度。这点从游戏的音乐就可见一斑。由近藤浩治创作的音乐巧妙地利用了主题与变奏。玩家第一次听到大地图的音乐时，就已认识了贯穿整个游戏的音乐。游戏中由地下关卡到水下关卡、由城堡到鬼屋的几乎所有动作音乐都是由这段音乐演变而来。同样，《超级马力欧世界》的关卡体量使游戏不得不重复利用一些背景和物体，这依然让游戏看上去很有吸引力。此外，游戏在发挥主机优秀的图像性能时也较为克制，透明效果、Mode 7 缩放及旋转都用在合理的游戏设计上。这要是换作其他设计者恐怕早就忍不住为显摆主机性能而设计游戏了。

不过这也正是《超级马力欧世界》真正的高明之处——将有限资源发挥出无限的创意，因为制作团队总有取之不尽的点子。在和酷霸王进行最终交手前，你完全可以选择风景最好的路线，探索你想探索的所有关卡，一点也不会因为单调乏味而放弃游戏。只有在平台跳跃躲避飞来的圆锯时才会让你有 ▶

» 马力欧的新恐龙小伙伴也能踩踏敌人，但它更擅长的是把敌人吞到肚子里。

枯骨鱼 　　　海胆球　　　鱼雷先锋

尖刺钢盔龟

MARIO ①×★× 21〇 TIME ①×35
×11 193 234050

《超级马力欧世界》是SNES上销量最佳的游戏，与SNES捆绑销售了2000多份，近一半SNES玩家都购买了该游戏。

» 《超级马力欧世界》会给出视觉提示：这些斜坡暗示着解决敌人的方式。

## 《超级马力欧世界》在资源利用上出奇的精打细算。

▶ 一些弃游的想法。甚至到了游戏后期你还能发现一些新设计思路，比如由层层移动砖块构成的迷宫。至于那些重复使用的设计思路，比如以迷宫为主的鬼屋关卡，你每次闯关时它都能展现出不同的魅力。

更令人惊讶的是，这样的创新到系列的第 4 部游戏才得 ▶

咚咚

（下转第 132 页）

**电火球**

# 最短捷径

想通关游戏但时间紧张？别担心。按以下指南操作保准你迅速通关。

**1** 从耀西岛 2 开始游戏并正常玩至甜圈平原 1，然后从甜圈平原 1 的斗篷龟手里抢到斗篷。利用斗篷飞到接近关卡尽头的位置，找到钥匙，解锁秘密出口，通关。

**2** 进入甜圈密室 1 后，在这里找到另一个秘密出口：先找到 P 开关，然后用它将砖块变成金币，这样你就可以拿到问号砖块里的钥匙。

**3** 甜圈密室中会有一场隐藏的 boss 战。触发图中的藤蔓，爬到顶端后使用 P 开关触发暗门。打败大害羞幽灵，来到星星之路。

**4** 找到所有星星之路关卡的秘密出口并通关。在星星之路 2 中，你可以获得蓝色耀西，这样一来，只要你保证它嘴里有东西，你就可以获得飞行能力。一定要获得蓝色耀西。

**5** 在星星之路 4 中利用蓝色耀西飞到砖块下方，通过秘密出口通关并到达酷霸王城堡，通关整个游戏，而且只玩了 72 个关卡里的 12 个。

**啪沙啪沙蝙蝠**

**大电火球**

**哐咚**

**害羞幽灵**

（上接第 130 页）

▶ 以展现。部分原因可以是 SNES 的硬件性能使设计师得以实现之前没有条件实现的想法，而新增的节能电池也让这个体量庞大的游戏成为可能。不过，这其中也有开发团队的功劳。他们并没有止步于推出一个比前作稍好一点的游戏，而是大胆创新，为玩家带来更新奇的体验。

作为最后一部登上家用机的 2D 马力欧平台跳跃游戏，《超级马力欧世界》的特别之处还在于它标志着一个时代的结束。耀西岛标志着对传统马力欧风格的道别，而任天堂也将在下一部主机大作中将马力欧带入 3D 世界。当横版卷轴跳跃通过《新超级马力欧兄弟》系列再度回归时，像素图像和芯片音乐早已被时代抛弃，一切都不一样了。

《超级马力欧世界》是本刊读者选出的史上最佳游戏。原因显而易见：它集合了所有深受玩家喜爱的元素，游戏画面好、音效佳、设计满分，而且玩家还可以以自己喜欢的方式探索游戏。想要追求深度和探索，《超级马力欧世界》可以满足你。想要披荆斩棘速通游戏，《超级马力欧世界》也可以满足你。游戏中那些角色在游戏领域，乃至整个流行文化领域都家喻户晓，让游戏有种亲切感。与此同时，作为一部平台首发游戏，它又蕴含着新事物的刺激感——被游戏体现的优秀主机性能震撼的感觉，以及同时出现在你脑海中无限的可能性。《超级马力欧世界》是一个可供全世界所有年龄玩家游玩的游戏。

» 乌巴巴是个奸诈的敌人，它会一直埋伏在岩浆里等你靠近。

» 秘密是《超级马力欧世界》魅力永驻的关键。

对老游戏的热爱促使我们走到一起成为复古玩家。你们的投票告诉我们，没有其他任何游戏可以像《超级马力欧世界》一样受到如此广泛的喜爱。游戏之王马力欧万岁。★

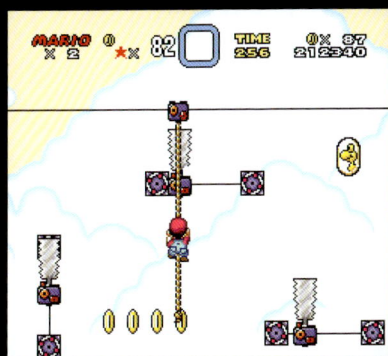

» 一边吊在绳子上一边躲锯子是新奇的惊险体验，可惜只出现了这么一次。

» 虽然 boss 的配乐和动作关卡一样，但感觉上完全是两码事。

枯骨钢盔龟

» 鬼屋一般没多少复杂的障碍物，但推进起来还是有一定难度，反应速度得快才行。

碎碎龟

# 问答环节: 罗伯特·芬内尔 (Robert Fennell)

**以网名"GreenDeathFlavor"为人熟知的速通玩家罗伯特·芬内尔为我们解构这部马力欧系列最佳作品。**

### 你第一次玩《超级马力欧世界》是什么时候？当时觉得这个游戏怎么样？

我第一次玩《超级马力欧世界》是在 1992 年。当时我们拿到了一台超任，我和家里的几个兄弟姐妹一起在客厅玩的。我小时候特别喜欢马力欧，所有的马力欧游戏家里都有。最美好的记忆是我成为家里第一个通关《超级马力欧兄弟》的人的时候。

### 你的《超级马力欧世界》最快通关纪录是多少？怎么做到的？

我的最快纪录是 9 分 47 秒（9:47.58），是我在 2015 年 1 月创造的，打破了我和 dram55 之前并列的个人最佳纪录 9:48.98。

能拿到这个成绩靠的是所谓的"云朵漏洞"（the "cloud glitch"）。马力欧在耀西吃金币之前抢到金币，就能将金币变成布鲁，而耀西吞下布鲁之后，你就能获得强化道具。2014 年的时候，有人发现可以在小马力欧状态下让耀西吃下布鲁，然后系统会给一个朱盖木云朵。这朵云很重要，它能在和酷霸王的 boss 战中控制酷霸王，让酷霸王向左移出画面时停下来。这样你就可以把 boss 战的时间缩短，最多可以减少 1 分钟。

1 月找总算有了一个不错的表现，酷霸王 boss 战也处理得很好，创造了新纪录，并且到现在已经保持了 10 个月了，但这个纪录还能再刷新。拿出完美表现的话，这个纪录能再缩短至少 1 秒钟。

### 为什么《超级马力欧世界》是个适合速通的游戏？

《超级马力欧世界》适合速通玩法，因为它是个上手相对简单的游戏。有许多关卡只要飞过去就能通关，而且游戏也可以玩出不同的变化来。想轻松快速通关的话，哪关都可以。想多玩一会儿的话，跳过星星之路就可以。当然，你也可以把游戏里的所有关卡都玩个遍，解锁全部的 96 个出口。你甚至可以挑战不用斗篷通关。

### 对想速通《超级马力欧世界》的玩家来说，有什么成功的窍门吗？

先上手玩一下，熟悉一下各种机制。然后再逐关练习，配合视频学习新技巧。我本人比较喜欢利用视觉和听觉提示。在需要争分夺秒地完成一系列操作时，这些提示很重要。打好了基础之后，如果想创造好成绩，就可以开始学习、研究游戏的漏洞。

如果你想正儿八经地挑战速通《超级马力欧世界》，做到精通，就得靠不断练习了。没人能一蹴而就，得不断尝试。我第一次用了 11 分钟多一点。通过一年半的练习，我才创造了世界纪录，所以必须有耐心才行。

# 进击的Boss

**要是没在冒险过程中拿下几个怪的话，马力欧还算英雄吗？以下是他在《超级马力欧世界》中降伏的恶棍……**

## 布伊布伊

**1** 这个喷火三角恐龙四人组站在高处的一组旋转平台上。你得从下方撞击它们，但要小心！一旦你把其中的几个从平台上撞下来，你脚下站的地方就会开始松动。如果你没来得及在脚底变空前消灭所有三角恐龙，你就得跳上去搭个顺风车把剩下几个收拾干净。哦，对了，它们的英文名"Reznor"是美国摇滚乐队"九寸钉乐队"（Nine Inch Nails）灵魂人物特伦特·雷诺（Trent Reznor）的名字。

## 大害羞幽灵

**2** 马力欧大部分的时间都在躲避这些幽灵，但住在甜圈密室中的大害羞幽灵却是其中最惹不起的一位。和其他地方的普通害羞幽灵不同，它会随时隐身而且身边还带着几个普通害羞幽灵小弟。你必须捡起砖块从下方扔向它进行攻击，不过只有在它现身的时候击中才会造成伤害。击中它3下就可以把它彻底送走了。

## 莫顿

**4** 单单是你的出现就足以气得莫顿爬墙。就是字面的意思。它会跑到墙角处，然后沿墙径直往上跑，再爬到天花板上。一旦它到了天花板上，你就要小心了，它会直接从上面跳下来踩你。等它落地之后，你就可以扭转局势跳到它的脑袋上了。莫顿是游戏中最简单的boss，要不了几下就能把它送走。

## 洛德威格

**6** 快看！那个是个来自初代《超级马力欧兄弟》的返祖怪胎！洛德威格看起来像极了老版的酷霸王，站在画面右侧向你吐火球。但有一点不同，它会后空翻。所以绕到它后方可不是个好方法。踩它几下就可以把它送走了。顺带说一句，洛德威格把控着游戏中少数没有重复利用的关卡之一。

## 雷米

**5** 比起直接攻击你，雷米更享受和你一起玩耍的乐趣。它会时不时地和其他两个假人诱饵从水管里冒出来逗你。唯一能对你造成威胁的就是慢悠悠移动的火球和倒计时了。虽然水管会阻碍你移动，但算不上什么威胁。跳到雷米的头上3次就可以解决它。

## 伊吉

**3** 你会在伊吉城堡中遇到它。伊吉会站在一个倾斜的漂浮在岩浆上的平台上迎接你。接下来就是一场生死相扑战，你要争取把它推到岩浆里，而它会不断朝你扔火球进行攻击。当你跳到它身上时，它就会往下滑。所以你最好在它接近平台边缘的时候攻击它。顺便说一句，火焰马力欧在这里能轻松摆平伊吉。

乌巴巴

## 洛伊

**7** 和洛伊战斗基本和对阵莫顿差不多，但要难一些。墙壁会离得更近，让你在幽闭恐惧下战斗。击败它和击败莫顿的方式一模一样。

## 温缇

**8** 温缇和她愚蠢的兄弟雷米分享了自己的绝妙计划，将高低不齐的水管替换成了另一个火球，所以你在这里面临着更大的威胁，但同时拥有了更多移动空间。踩她脑袋就完事了。

## 拉里

**9** 拉里从伊吉那里借来了这个看上去很厉害的平台，还安排好岩浆向上喷出致命火球。快让它自己先泡个热水澡吧。

## 酷霸王

**10** 作为游戏中你无法避免的两个boss之一，酷霸王会利用不同的方式对你发动攻击。它会乘着它的飞行机械撞你，它会从上方向你扔巨型铁球，它会挑起机器酷霸王砸你。最后这种方式是关键。要打败酷霸王，你要定住这些机器酷霸王，然后再挑起它们砸向酷霸王。几轮攻击下来，你就会从桃花公主那里收到一个蘑菇。然后不断重复以上步骤直至消灭酷霸王。

# 马力欧绘图方块

**完美的益智游戏**

»Game Boy »Jupiter/任天堂 »1995年
虽然益智游戏各有各的难度，但很少
有《风暴 2000》（*Tempest 2000*）强度
那么高的益智游戏。当然你可以不相信我。
你脑子里肯定想的是《宝石方块》（*Columns*）赏心悦
目的开场动画、舒心的音乐、舒缓的游戏节奏。趁早忘
了吧。想想你怒视着《IQ 方块》（*Kurushi*）里那堵怎
么也过不去的墙的感受，想想在《旅鼠》（*Lemmings*）
里看着自己的旅鼠径直走向火焰却无能为力的那种感
受。明白我的意思了吗？这些游戏会先给你制造一种平
安无事的假象，然后再不断制造恐慌。

这就是我喜欢《马力欧绘图方块》的原因。它是少
数说到做到，真正让人感到放松的益智游戏。没有多余
的元素，没有动来动去的模块，只有一个静止的棋盘，
而全部提示都会在每关的开始给出。唯一的压力也就是
那 30 分钟的倒计时，只要出错就会扣时间。不过，你
大可以多花点时间思考，然后再出手，基本不会出错。
而且把数字信息变成格子里的图形也是很有意思的一件
事。（是的，这应该是我说过最书呆子的一句话。）

所以，如果哪个周日早上我没事做，我很可能会抓
着 Game Boy 躺在床上玩《马力欧绘图方块》。《俄罗
斯方块》什么的玩起来心太累了。 ✱

# 任天堂的 3D 游戏变革者

在这样一个没人相信3D平台跳跃游戏行得通的年代，任天堂证明我们都错了。尼克·索普和卢克·阿尔比热（Luke Albigés）带你深度分析这部N64划时代之作的惊人影响力……

　　任天堂一直是个跟随自身节奏发展的公司，这点在 N64 上也体现得淋漓尽致。在 3DO、世嘉、索尼这类厂商纷纷投入 CD 光驱市场时，任天堂仍执着地紧握着手中的卡带。相比于保守地出一款 SNES 手柄的简单升级款，任天堂选择了激进的三叉戟手柄设计。可惜不论是卡带还是手柄都没能成为未来的趋势。毕竟要改变整个产业的发展方向可谓难于登天。不过，《超级马力欧 64》却成功地引起了人们的注意。游戏设计大胆且别出心裁，一如搭载它的游戏主机。不过，与 N64 不同的是，《超级马力欧 64》对整个游戏产业都产生了深刻的影响，奠定了未来平台跳跃游戏的发展方向，甚至是接下来若干年里 3D 游戏发展的大方向。 ▶

（下转第 143 页）

约翰·皮克福德（John Pickford），负责 N64 开发的任天堂第三方工作室"梦之队"的成员之一，曾经抢先一睹《超级马力欧 64》的真容。

» 后期关卡中有更多漂浮的岛屿，更有可能"一失足成千古恨"。

# 致敬佳作

《时光之帽》（*A Hat in Time*）游戏总监乔纳斯·卡列夫（Jonas Kaerlev）为我们讲解《超级马力欧 64》如何启发并影响了这部众筹3D平台跳跃游戏。

**你第一次玩《超级马力欧 64》是什么时候？当时给你留下了怎样的印象？**

第一次玩《超级马力欧 64》是 90 年代末，它是我玩的第一部全 3D 游戏，当时我觉得非常惊艳。

当时我英语很烂，毕竟英语不是我的母语，所以很多对话我都看不懂，但即使这样也没能阻止我收集到全部的 120 颗星星。游戏的呈现方式填补了信息空白，所以我能猜出来游戏角色都说了什么。如果只有对话信息作为指引，而我猜不出来该做什么的时候，我就会探索这个关卡直到我弄明白情况为止。这让我对那些提供精彩探索空间的游戏产生了兴趣。

**你最喜欢《超级马力欧 64》的哪些内容？**

太多了！我想大家肯定都记得大害羞幽灵洋馆里的钢琴吧，还有要竖着爬上去的嘭嘭要塞，以及在酷热沙漠里追着偷马力欧帽子的秃鹫复仇的经历。桃花公主城堡是整个《超级马力欧 64》里最棒的，非常有神秘感，看上去简直像一个独立关卡。

»克里斯·萨瑟兰（Chris Sutherland）曾负责开发《班卓熊大冒险》，目前正在制作《尤卡莱莉大冒险》（*Yooka-Laylee*）[1]。

———————————

[1]《尤卡莱莉大冒险》已于 2017 年发售。——译者注

**你觉得哪些 3D 平台跳跃游戏是《超级马力欧 64》的最佳传承之作？**

必须得有《超级马力欧阳光》。它是《超级马力欧 64》的正统续作，在延续了《超级马力欧 64》基本结构的基础上，加入了更丰富的元素，让整个游戏世界看起来很有真实感和亲切感。我很喜欢关卡随游戏进度而变化的设计。科罗纳山火山爆发淹掉德尔皮克广场的设计太酷了。

还有 DoubleFine 的《脑航员》(*Psychonauts*)，堪称《超级马力欧 64》精神续作！该作有点偏故事性，关卡设计很精彩，特别是"低语石"(Whispering Rock)和"送奶工的阴谋"(The Milkman Conspiracy)这两个关卡。《脑航员》在《超级马力欧银河》的重力概念火起来之前就拿这个概念做过文章了！

**《时光之帽》从《超级马力欧 64》中汲取了哪些灵感？**

和《超级马力欧 64》类似，《时光之帽》也围绕收集要素展开，玩家需要收集时间碎片推进游戏。每当有新任务时关卡也会有很大的改变，让玩家的每次体验都有新鲜感。

最开始可能还在对抗黑手党厨师，收集时间碎片，下一秒你可能就变身侦探，试图侦破猫头鹰快车谋杀案。每个任务都对应着全新的故事，每次体验也都会加深你对关卡和角色的了解。

**作为 3D 平台跳跃游戏的开发者，你是如何让《时光之帽》区别于《超级马力欧 64》这样的界定游戏类型的奠基之作的呢？**

《时光之帽》在玩法和叙事上采取了不一样的路数。在玩法上，玩家可以使用的动作完全不同，可以利用二段跳和空中加速进行横向和纵向空间探索。玩家还可以收集徽章放到帽子上来调整和升级这些动作。我们通过这样的方式鼓励玩家探索那些能够丰富游玩体验的功能。在叙事上，《时光之帽》中的关卡都称为"章节"。每个章节的故事都围绕着某一个地点展开，比如黑手党镇、契约森林、猫头鹰快车。而且每个章节都有各自的一群角色，这些角色会一直伴随玩家到整个章节结束，然后事情就开始失控了！在契约森林中，玩家会签订契约将灵魂出卖给小幽灵。在猫头鹰快车上，玩家必须判断列车长和 DJ Grooves 究竟是敌是友。

《时光之帽》还支持本地和线上多人游玩。受某个《超级马力欧 64》黑客的启发，我们觉得《时光之帽》也可以支持多人模式。玩家可以和朋友一起打 boss，收集时间碎片，享受游戏的乐趣。

最后，《时光之帽》开放了 mod 修改。玩家可以自己设计关卡和任务。我们看到很多游戏爱好者对自己热爱的游戏做的精彩改编，所以我们想敞开怀抱拥抱这件事，让玩家既可以设计结构简单的关卡，又可以设计具有多重任务的巨型关卡。这些特色都像是《超级马力欧 64》的自然延伸，我们也希望 2017 年《时光之帽》登陆 Windows 和 Mac 平台的时候能受到大家的喜爱。

（上接第 141 页）

▶ 《超级马力欧 64》必须得是大胆创新的。由于开发者对平台跳跃游戏和 3D 的结合各有各的想法，所以此前发行的 3D 平台跳跃游戏都千奇百怪，毫无章法可言。Exact 推出了第一人称视角加自由漫步关卡的《闪光跳跃！》(*Jumping Flash!*)。Realtime Associates 推出了由交错笔直路径构成 3D 关卡的《Bug!》，但这样的设计也限制了玩家的行动。Xing Entertainment 同样推出了一款由自由

▶ 漫步关卡组成的游戏《漂浮战士》（Floating Runner），但游戏的固定视角让它玩起来像是一款 2D 平面视角游戏。所以任天堂就算想跟随潮流趋势来开发 3D 马力欧游戏，也找不到可以追随的趋势。

《超级马力欧 64》成为开天辟地之作的另一原因是外界的期待。"在《超级马力欧 64》，或者《马力欧银河》发行之前，人们都期待着任天堂的新主机和马力欧的新游戏。" 保罗·戴维斯（Paul Davies）说。《超级马力欧 64》开发和发行时，保罗正担任《电脑与电子游戏》（Computer & Video Games）杂志的编辑。"所以，尽管当时谁也不知道事情会怎么发展，但光是想想《超 64 马力欧》（Ultra 64 Mario）[1]就足以让你呼吸暂停了。"

» 和主要关卡不同，boss 战关卡一般都是线性的，没什么自由探索空间。

甚至连那些和任天堂关系很近的人都不知道任天堂在忙活什么。"当时我在 Software Creations 工作，它是任天堂原来负责 N64 开发的'梦之队'（Dream Team）公司之一。" 约翰·皮克福德（John Pickford）回忆说，"我有幸跟团队一起参加了 1995 年东京的任天堂初心会（Shoshinkai）[2]，看到了《超级马力欧 64》的首秀，还有软件。下飞机的时候，我在机场里偶遇了其他几个英国开发者，包括 Rare 的斯坦珀兄弟，还有 DMA 的戴维·琼斯（David Jones）。戴维当时好像是这么说的：'我听说那个马力欧游戏看起来特别棒。'那时我才知道原来他们正在开发马力欧游戏。之前可是一点曝光都没有，连马力欧的名字都没人提过。"

» 马力欧终于可以挂在岩壁边上了，现在他只要跳一下就能把自己拽上去。

初心会展会上的宣传卡上写着演示版只是最终游戏的半成品，甚至说"超级马力欧 64"只是游戏的暂时名字。但任天堂可不会让参会者就带着这样的印象离开现场。《超级马力欧 64》光是在观感上就已经达到了惊艳的水准。"游戏是在展示层进行展示的，看上去像是可以上手游玩的成品了。"

①这里指的是《超 64 马力欧兄弟》（Ultra Mario Bros），它是《超级马力欧 64》的早期测试版系列游戏。——译者注
②"初心会"原名"钻石会"，是任天堂发起的联合工会性质的组织，主要承担销售业务，之后在 N64 时代解散。初心会展会是任天堂 Space World 展会的前身。——译者注

» 斜坡上滚落的球体非常真实，玩家一不小心就会被撞倒。

约翰说，"跟我见过的游戏都不一样。"保罗当时也在现场，游戏也给他留下了类似的印象，他说："我知道这话都说腻了，但是我真的不敢相信我的眼睛。我整个人都惊呆了。"

《超级马力欧 64》的首次展示让在场的观众都兴奋不已。"我太兴奋了，拿着一大包媒体材料和幻灯片对着酒店工作人员使劲炫耀。"保罗觉得有些不好意思，"他们并没有被我打动。"据约翰所说，其他人的反应更接近于恐惧，至少也是拒绝相信现实的。"我不知道这是不是真的，但我听有传言说'索尼的高层'到处奔走相告说游戏是在藏起来的'工作站'上运行的。"他回忆说，"现在听起来或许难以置信，但那时许多技术元素（MIP 映射、纹理过滤、纹理透视校正、深度缓冲、硬件反锯齿）对主机来说都是前所未有的，PlayStation 上也没有。"

1995 年 11 月初心会展会上的《超级马力欧 64》乍一看可能会让马力欧粉丝有点认不出来，城堡门廊与大家熟悉的样子不同，墙上也找不到云朵壁画，连中央台阶也不见了，但其完美的视效最终延续到了成品之中，因为任天堂根本没对演示版造假，也没动过任何手脚。N64 的完美性能为《超级马力欧 64》的关卡和人物赋予了扎实的质感，一举确定了游戏和主机在竞争中的领先地位。▶

▶ "所有东西都异常丝滑。" 安德鲁·奥利弗说。安德鲁当时是 Interactive Studios 的开发人员，负责《手套小子》(*Glover*) 的制作。"换个阵营的话，我们大概会为 PlayStation 的 3D 性能感到惊艳。不过，虽然索尼鼓励开发者制作 3D 游戏，但我们很多人都遇到了各种各样的问题，比如镜头抖动、3D 网格裂缝、纹理扭曲。想做一个像样的第三人称角色，并且让镜头好好地跟着人物移动简直是不可能完成的任务。"任天堂展示的游戏里完全没有这些问题。《超级马力欧 64》太专业了，没有抖动或者晃动，也没有扭曲或断裂的纹理。PlayStation 是 32 位机，支持定点数计算。N64 是 64 位机，支持浮点数计算。所以 N64 的表现肯定要好很多。"

Ocean 的前美术工作人员马克·琼斯 (Mark R Jones) 也同样被这种大跨步的 3D 画面进步所惊艳。"画面好到让我目瞪口呆。我只在 PlayStation 上玩过一些 3D 游戏，而 N64 的表现真的好太多了。"他回忆说，"该圆的地方是圆的，而不是一堆锯齿。画面色彩明亮、鲜艳。尽管很多游戏都宣称自己'就像一部可以玩的卡通'，但我觉得只有这个游戏真的做到了这点。我还记得 1984 年的时候，学校里所有人都说 Spectrum 的《魔域之狼》(*Knight Lore*) 的画质像卡通一样好。其实真不是。《超级马力欧 64》才是真家伙，它真的做到了。"

媒体立刻开始对游戏进行大肆宣传。每个月的杂志上都有游戏的新图片，把大家对游戏的期待感提升到了极点。感到兴奋的不止普通大众，连游戏开发者都等不及想赶紧上手游戏。"作为一个 2D 版马力欧游戏粉丝，我很好奇他们是怎么把马力欧带入 3D 世界之中的，碰到过什么问题，又是怎么解决这些问题的。" Playtonic Games 的克里斯·萨瑟兰说。克里斯曾作为《班卓熊大冒险》的程序员主管任职于当时还在任天堂旗下的 Rare。"有人可能会期待缓慢过渡。比如，任天堂可以采取传统的 2D 马力欧风格，然后带一点 3D 的痕迹（就像《森喜刚国度：回归》那样）。但他们直接给了玩家一个富有沉浸感的世界进行探索。"他继续说，"这就是标杆。以后所有 3D 平台跳跃游戏都免不了被玩家拿来和《超级马力欧 64》比较!"

"公司拿到马力欧游戏的消息传到了《杀手本能》的大本营，我们一堆人挤到克里斯·蒂尔斯顿 (Chris Tilston) 的办公室想要看两眼。"克里斯·西弗 (Chris Seavor) 说。他当时在负责开发《松鼠库克倒霉的一天》(*Conker's Bad Fur Day*)。"当时应该是正式发售前，我们拿到的是日语版，所以没人看得懂里面的文字。毫无疑问，游戏棒呆了。我

»游戏的关卡设计异常优秀。水下遗迹需要玩家进行水下探索达成目标。

（下转第 150 页）

# 旧游戏换新颜

马力欧的3D首秀大受好评，所以任天堂也将游戏移植到了NDS上。不过，NDS版并没有无脑照搬原作，而是在原作的基础上添加了许多新元素……

来自 Rare 的格雷格·梅尔斯曾担任《班卓熊大冒险》和《班卓与图伊》的设计师。

## 更多角色

■除了马力欧，NDS 版还允许玩家操控耀西、瓦力欧、路易吉，而且每个角色都各有各的特色。比如，路易吉跳得更高，但比较难控制。耀西的动作是《耀西岛》和原版《超级马力欧 64》里动作的混合体。在关卡中收集帽子就可以在这些动作之间自由切换。

## 更多技能

■包括飞行帽、隐身帽、金属帽在内的经典《超级马力欧 64》强化道具在 NDS 版中被分配给了不同的角色，而包括让角色变大变强的蘑菇（类似后期的巨大蘑菇）在内的新道具以及吐火技能被分配给了耀西。有几颗力量星星和角色专属技能绑定。

## 更多星星

■ NDS 版比原版多了 37 颗星星，不过为了将星星的总数控制在 150 颗，原作里的某些星星在 NDS 版中被修改了，有的则直接被移除了。新增的星星主要是变身星星（这些星星会触发变身，而且必须在它消失前收集）。收集每颗星星依然可以让你利用地面的大炮到达城堡屋顶，不过这次就没有耀西了，因为它已经变成可操控角色了。

## 多玩家模式和小游戏

■ NDS 版的对战模式允许至多 4 名玩家在不同的竞技场中展开对抗，比拼谁能在限定的时间内拿到更多的星星和金币。此外，NDS 版还包含许多可解锁小游戏，在主线游戏中抓住兔子就可以解锁。这些设计主要是为了调整游戏节奏，并且展现 NDS 掌机触摸屏的各种功能。

## 操控选择

■由于 NDS 没有类比摇杆，任天堂不得不对 NDS 版游戏的操作输入方式进行调整。玩家可以选择数控，这样会多出一个跑动按键，但精确度欠佳。玩家也可以选择触屏操作，这样触屏本身就会变成一个虚拟的类比摇杆。但这种操控模式很难上手，不过只要你用习惯了，第二种方式会更好。

## 更好的画质

■集合了优秀的处理性能和一块更小的屏幕，NDS 掌机的画质相比原版有了质的飞跃。酷霸王的模型看起来特别贴近它时髦的长相，在游戏推进的过程中，它的造型也会有许多显著的变化（大部分情况下是往好的方向发展）。NDS 的副屏幕还可以用来显示鸟瞰地图。

147

# 马力欧动作一览

## 近距离观赏大胡子水管工的灵活身姿

### 移动　◎（类比摇杆）
■完全掌控马力欧的移动速度是游戏必不可少的要素。和数字摇杆相比，类比摇杆可以使玩家在3D世界中进行更加灵活、精确的跑动操作。

### 出拳　B
■马力欧的新增动作，使马力欧能够进行更多互动，包括击打砖块和开关。除了传统的踩踏击杀敌人，马力欧现在还能出拳制敌。

### 下蹲　Z
■之前用十字键操控的下蹲现在有了自己的专属按键。下蹲很少单独使用，一般在高难度组合动作中使用。

### 跳跃　A
■厌倦了地板操作不妨尝试一下跳跃。马力欧的传统动作在这里依旧很有用。按住A键越久，马力欧就跳得越高。

### 二段跳　A，A
■第一次起跳落地后迅速上跳会触发二段跳，让马力欧跳得更高。操作成功会有音效提示。

### 脚踢　B（跳跃过程中）
■这个动作并不是字面上那么简单。使用脚踢可以保留马力欧的运动趋势，缩短做动作的时间。这可不是什么攻击性动作。

### 鱼跃　B（移动过程中）
■普通玩家可能不会喜欢这个动作，因为在移动过程中想出拳的时候总会使出这个动作。但鱼跃可是高级玩家的心头爱，用这个动作拿东西不会损失太多速度。

### 三段跳　A，A，A
■马力欧还可以施展三段跳，获得更显著的高度提升。配合飞行帽使用可以让马力欧飞向高空。

## 后空翻 `Z` + `A`
■和改变运动方向的翻跟头动作差不多，不过这个动作只能以下蹲姿态开始。鉴于马力欧的行动力，翻跟头可能更实用一点。

## 扫堂腿 `Z` + `B`
■可以让马力欧短暂地施展一下他的霹雳舞舞姿，但可惜也就是点到为止。尽管如此，多一个招式总没错，时不时来两下试试吧！

## 长跳 `Z` + `A`（跑动过程中）
■把握时机是使出长跳的关键。在跑动过程中长按 Z 键触发俯身滑行，然后迅速按 A 键让马力欧起飞。大胆运用长跳可以跳过很多障碍物和危险。

## 悬挂（在平台边缘降落或慢慢走下平台边缘）
■马力欧再也不用担心自己不小心算错距离了。降落在平台边缘时，马力欧抓住边缘，让玩家可以操控他把自己拉上去。这么做会损失速度，不过平安无事最重要。

## 翻跟头（往跑动方向的反方向拉类比摇杆）+ `A`
■在运动过程中迅速向反方向操作类比摇杆并起跳，形成一个比普通跳跃更高的空翻动作。这个动作适合迅速提升垂直高度。

## 滑铲 `Z` + `B`（跑动过程中）
■和长跳的操作方式一样，把 A 键替换成 B 键就行。这个动作会让玩家赢得额外的造型分，但这只是马力欧全套动作的冰山一角。

## 踢墙跳（朝墙跳，操控类比摇杆向后拉）+ `A`
■马力欧可以朝墙冲刺并踢墙上跳，在改变运动方向的同时获得高度提升。踢墙跳对操作的时机把控以及精确度要求较高，熟练掌握后可以打通某些捷径。

（上接第 146 页）

▶ 从没见过那样的游戏。后来蒂姆·斯坦珀（Tim Stamper）也来了，看到我们这些人都在盯着这个'超级秘宝'看时他整个人都愣住了，然后他就把游戏拿走了……尽管如此，我永远也忘不了那个时候。"

安德鲁第一次玩《超级马力欧 64》的经历也同样难忘。"在 1996 年夏天洛杉矶的 E3 游戏展上，任天堂有一个巨型展台，上面有 30 部专门给人

» 跳过雪浪仅仅是雪人之地中的众多挑战之一。

玩《超级马力欧 64》的 N64 游戏机，排队等着玩的人很多。大部分人都控制着马力欧在城堡外面狂奔，就为了享受这种在梦幻卡通世界里欣赏风景的感觉。所有人脸上都洋溢着笑容，而那一刻就是电子游戏行业的转折点。"

优秀的操控设计对《超级马力欧 64》来说也十分重要。"这个游戏让我头一次感受到漫无目的地进行人物的各种操作就已经很有趣了。"Rare 的前开发人员以及《班卓熊大冒险》设计师格雷格·梅尔斯（Gregg Mayles）说。"我说实话，至今没哪个游戏能打败它。" 克里斯·西弗补充说，"丝滑、紧凑、动画优秀、仅凭直觉就能操作，任天堂第一次尝试 3D 操控设计就成功解决了这个世纪难题。" 克里斯甚至觉得连马力欧的那些高难度操作也很有乐趣。"有个需要从墙上跳下来的操作我花了好长时间才学会，无论怎么做都做不到。然后有天我浑身的肌肉突然觉醒了，我做到了，在 3D 世界里面从一堵墙攀爬到另一堵墙的那种单纯的快乐简直太棒了。"

保罗对游戏的第一印象主要集中在类比摇杆上，他说："用手柄中央那个独立的类比摇杆操控马力欧在第一关里做后空翻、闪避、穿梭。"正是借助了类比摇杆，游戏才得以有如此出色的表现。约翰对类比摇杆的魅力的形容很贴切："处在中间的那根拇指操控杆是我见到的第一个能用的类比摇杆。类比摇杆一直都有，但基本上都不能用。《超级

马力欧 64》实现了 3D 环境下轻松、有表现力、直观的人物操控。"他说，"那个时候，人们或多或少觉得 3D 平台跳跃游戏行不通。是有过那么几个试水作品，但玩起来都很别扭。通常整个游戏里你都在跟各种操控和镜头问题做斗争。"他继续说，"《超级马力欧 64》可以让玩家奔跑、跳跃、后空翻、爬树，甚至飞行。任天堂完成了不可能完成的任务。"

当然，再好的操控没了游戏广阔的空间和丰富的关卡也是白费。任天堂在这两方面都交出了令人满意的答卷。保罗还对当时办公室里的质疑声记忆犹

» 镜头会智能地跟着人物的位置变化，给出能辅助玩家操作的视角。

新："《电脑与电子游戏》的美工不相信他听到的消息，一直追着我问：'能跳到那个桥上然后再跳到水里吗？然后就可以在水里游泳了？'"格雷格认为游戏的结构和空间一样重要："此前的 3D 游戏在空间和自由度上都有局限，但《超级马力欧 64》打破了这些限制。"他进一步解释说，"游戏赋予了玩家充足的自由度，让探索成为乐趣，而且还允许玩家自行选择关卡探索顺序。"

不同于目标单一的 2D 平台跳跃游戏，《超级马力欧 64》的每条路线都充满了各种各样的挑战，而且会在通关时给予玩家一颗星星作为奖励。这些挑战小到寻找红硬币，大到击败 boss、获得比赛胜利、完成高难度的平台跳跃，甚至连连接各个关卡的桃花公主城堡都有等待发掘的星星，所以每个玩家自然都有自己最喜欢的部分。"我最喜欢冰冰冷冷山（Cool Cool Mountain）。"格雷格说，"通过滑雪比赛将关卡由上到下连接在一起的设计太妙了。马力欧滑下来一头栽到雪里的样子太招人喜欢了。"

"我记不清了，但回忆游戏的过程就像回顾快乐的童年时光。"在回忆个人印象深刻的游戏片段时保罗说道，"抓着酷霸王的尾巴转圈。在水下找瓶子，以为瓶子里装着通向某个隐藏区域或者其他地方的门。我们总觉得游戏里到处都藏着宝藏，通常也能找到一些。看见逃跑的兔子就想追着它看看，结果就找到了一些特 ▶

151

▶ 别的东西。"马克则惊讶于游戏的耐玩程度。"即使玩了好几个小时也还能在里面发现新东西，"他回忆说，"比如，马力欧化成液态金属变身金属马力欧的过程，就像《终结者 2》(Terminator 2) 里面演的一样。"

1996 年 6 月 23 日，《超级马力欧 64》在日本发售并立刻收获了媒体的大量好评。由于篇幅有限，实在无法罗列所有的赞美之词，所以我们节选了其中的一些放在这里：GamesMaster 杂志给游戏打出 97 分，N64 和 Total 64 均给出 96 分，64 Magazine 给出 95 分，Edge 则打出了满分 10 分，保罗·戴维斯在《电脑与电子游戏》杂志上称其为"史上最佳主机游戏"，Maximum 杂志也在最后一期中发表了同样的看法。与此同时，《超级马力欧 64》也创造了惊人的销售量，一共卖出了 1100 万份。

《超级马力欧 64》在给玩家带来无尽欢乐的同时也鞭策着其他 3D 游戏开发者。任天堂实在太超前了，所有人都在奋力追赶它的脚步。"所有开发者都研究过那个游戏。甚至十多年以后都还有工程师打开《超级马力欧 64》研究里面的操控以及镜头系统。"约翰说，"第一个成果就是《古墓丽影》(Tomb Raider)，它明显受到了 1995 年初心会的影响，尤其是水下操控的部分。"马克对《超级马力欧 64》的影响抱有类似的看法。"它确实给后来的 3D 平台跳跃游戏铺平了道路。后来的《班卓熊大冒险》和《森喜刚 64》(Donkey Kong 64) 这两部我最喜欢的 N64 游戏，要是没有《超级马力欧 64》在前，它们也不可能做得这么好。"他评论说，"身边放着《超级马力欧 64》的 Rare 程序员会看着游戏说：'好，看来我们这里要加强一点了。'大部分情况下他们也确实是这么做的，只不过马力欧实在太强了。"

马克说的一点也没错。Rare 确实从它

» 如果默认给出的镜头帮不上忙，玩家还可以使用马力欧视角。

当时的母公司那里取了不少经。"那时候我们正为打造一款 3D 平台跳跃游戏进行'2.5D'视觉效果研究，想让游戏看起来像之前公司开发的《森喜刚国度》的进阶版。但是看到了《超级马力欧 64》之后，我们意识到全 3D 才是未来的发展趋势。"格雷格证实了马克的说法。"过去我们遇到问题的时候总会看看其他游戏是怎么解决类似问题的。"克里斯·萨瑟兰说，

» 马力欧的经典动作也被完美地移植到了 3D 世界中。图中的跳跃动作就是一个例子。

"《超级马力欧 64》作为整个游戏类别的奠基之作，成了我们开发 3D 平台跳跃游戏遇到问题时寻找解决方案的灵感源泉。"

不过，《班卓熊大冒险》团队肯定也尝试过在《超级马力欧 64》的水平上做一些改进，并且花了大量精力想要让《班卓熊大冒险》有一些任天堂《超级马力欧 64》没有的特色。"我们想确保《班卓熊大冒险》有 Rare 的风格。我想让班卓熊的操控稳定、容易预测，而不是像马力欧那样需要更高难度的技巧来控制，马力欧有时候非常难操控。"格雷格说，"我希望我们的关卡看起来更真实，每一关都能做出让人信服的真实感，并且带有一些梦幻且幽默的反转。"

格雷格对镜头问题的处理记忆犹新。"我自己玩《超级马力欧 64》的时候没觉得他们的镜头做得有多好，但我们自己做游戏的时候才体会到要把镜头做好有多难。"他回忆说，"事后想想，马力欧的镜头设计把灵活性作为目标是对的，而且游戏基本也做到了这点。我们开发的 3D 世界比马力欧的还要复杂，导致了很多令人头疼的问题出现。可惜好的镜头系统总是隐于幕后，但是只要有一点问题就会特别显眼。"

到了制作《松鼠库克倒霉的一天》时，Rare 已经掌握了更加成熟的 3D 游戏开发技术，早期的技术挑战已经不是什么大问题了。不过，Rare 还是尽可能想让游戏在某些方面超越《超级马力欧 64》。克里斯·西弗对此也不讳言。"画面……说实话，《超级马力欧 64》的某些贴图真的很丑。"他说。客观地说，《松鼠库克倒霉的一天》在画面上的出色表现得益于 Rare 对 N64 性能的了解，尤其是对画面纹理相关性能的了解。游戏的结构也有新意，克里斯对此表示："我们加强了游戏的叙事元素，用剧情和人物而非星星来驱动玩家探索。"

» 金属马力欧：他很重，但他大概不会挑战《终结者》里的约翰·康纳（John Connor）。

尽管如此，格雷格对挑战这 ▶

153

## 以意想不到的方式探索《超级马力欧 64》

作为速通圈里玩得最多的游戏之一,《超级马力欧 64》自发行起的 20 多年时间里已经被玩家掘了个底朝天,玩家发现了数不尽的漏洞以及技巧。有的可以节省时间,有的则服务于其他目的。在节省时间这一方面,玩家已经找到了各式各样的方法以避免触发文本或短暂的过场动画,各个都能节约好几秒。不过,更值得注意的是那些能大幅度缩短时间的漏洞,其中许多都需要用到一个后翻长跳(即 Backwards Long Jump,缩写为"BLJ")或其变种。利用这些操作可以跳过星星之门、酷霸王之间的对抗,还有通向最终关卡对抗的"无尽阶梯"(infinite staircase),让玩家可以在收集少于游戏要求的 70 颗星星的情况下通关。有人认为这种情况下最少只需要一颗星星就可以通关(即恐怖船坞中酷霸王的潜水艇里的那颗)。这种观点存在了很长一段时间,直到有人发现了一个更复杂的后翻长跳技巧,可以连这个关卡都直接跳过,一举打开了星星零收集通关的大门(而且具有讽刺意味的是,这种操作连门都不用开)。使用这些技巧可以在 5 分钟多一点的时间内通关游戏,不过还有一些不利用这些技巧的速通类别。

与之形成强烈对比的是一位叫"pannenkoek2012"的 YouTube 博主。从每一关的星星全收集到各式各样的漏洞和诡异操作的演示,他的频道中充满了几百个你在其他短促的速通视频中看不到的操作。不过,最近他才因为挑战在尽量少用 A 键的情况下收集尽可能多的星星的系列视频而开始有了一些名气。这类挑战虽然很有意思,但也只在近两年才开始受到关注。有些视频甚至会附带讲解,深度分析每个通关流程背后的技术原理,把对技巧的娴熟运用变成了

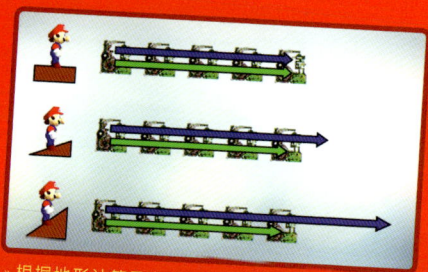

» 根据地形计算马力欧的速度是成功进入平行宇宙的关键步骤。

▶ 样一部作品也从来没抱有过任何幻想。"《超级马力欧 64》在许多方面都表现得非常出色,后来的游戏很难做出特别大的改进。"他说,"其他游戏可能画面更好,对硬件性能利用得更到位,创造出的世界更有深度,但没几个能在操控上做到和马力欧并驾齐驱。"

Interactive Studios 的《手套小子》团队也有相同的感受。"马力欧设立了一个难以企及的标杆。"安德鲁说,"我们当时正在做《手套小子》的早期版本,先是在电脑上,后来挪到 N64 的开发工具上,效果都很不错,我们也很满意。但是我们突然玩到了一个体量巨大的游戏,而且还用更为巧妙的方式化解了一些我们遇到过的问题。里面的人物皮肤光滑,不像 PlayStation 上的《手套小子》的 3D 人物那样长着锯齿皮肤和块状身体! 于是我们下决心要让我们的人物看起来也那么光滑,而

一门艺术。在这些视频中（里面的操作简直不可思议），你会了解到只存在碰撞但没有三维几何体的所谓的"平行宇宙"（parallel universes），以及每个关卡是如何排列在无边无际的"平行宇宙网格"之上的；你会在操作讲解中听到"四重多元宇宙对齐"（QPU Alignment）、"同步速度"（Syncing Speed）、"半 A 键"（Half A-Press）、"拾取物体最后位置"（Held Object's Last Position）这类黑科技术语；你会了解到马力欧究竟

▶《超级马力欧 64》是 Speedrun 网站上最受欢迎的游戏，有 1000 多位对游戏进行不同种类的速通挑战的玩家。

需要在哪些地点跑多长时间才能积攒起足以完成某些疯狂操作的速度。（剧透：12 个小时。）

　　《超级马力欧 64》是我们许多人的游戏生涯的亮点和 3D 游戏入门之作。但对另一些人来说，《超级马力欧 64》是他们人生中难以割舍的一部分。不论是把游戏作为竞速赛场，还是把它作为研究各种黑科技的样本，不可否认的是 20 多年后的今天玩家依旧能从游戏中获得新的发现，光这一点就已经很了不起了。

### 延伸阅读

　　Speedrun 网站中的 *Super Mario 64* 栏目：在这里你可以找到不借助游戏漏洞的 70 星和 120 星通关技巧展示，也可以找到一些结合漏洞的技巧展示。

　　Tasvideos 中的 *SM64 TASHistory* 栏目：在这里你可以找利用辅助程序通关的视频，了解更多可选路径，以及从 2005 年的第一个 16 星通关到 2012 年的完美通关的所有借助游戏漏洞的通关技巧。

　　pannenkoek2012：YouTube 博主，你可以在他的频道里找到对《超级马力欧 64》各种机制的破解方法。

且要研究制作一个动画角色蒙皮渲染器。"安德鲁和《手套小子》团队的发明还不止这一个。"我们只不过是花了半辈子时间研究《超级马力欧 64》的镜头逻辑，想要达到差不多的效果而已。"他说，"大部分技术上的东西我们已经弄明白了，但仍然赶不上《超级马力欧 64》。"

　　开发者们为追赶任天堂付出的艰辛努力印证了《超级马力欧 64》对游戏行业产生的巨大影响，这里我们也邀请开发者们具体说明一下这种影响。对约翰来说，这款游戏加快了游戏发展的进程。"任天堂解决了 3D 游戏中的第三人称操控问题，而且通过《超级马力欧 64》把解决方案公布给了整个游戏行业。"他说，"就算没有任天堂，大家最终还是会解决这些问题，但《超级马力欧 64》的出现至少让我们少花了 5 年时间进行试错和操控优化。"▶

身为《手套小子》的制作成员之一，安德鲁·奥利弗非常了解如何为 N64 平台打造 3D 平台跳跃类游戏。

## " 《超级马力欧 64》在许多方面都表现得非常出色，后来的游戏很难做出特别大的改进。 "

——格雷格·梅尔斯

▶ 对安德鲁来说，《超级马力欧 64》不失为一个证明 3D 技术可行的证据。"它让大家意识到 3D 就是未来，不仅是赛车游戏的未来，而且是所有游戏的未来！3D 技术让游戏看起来很不错，而且还让人物更加生动。"他说，"游戏的关卡规模也很大，探索起来很有意思，让玩家沉浸在一个深邃、美丽的梦幻世界中。相比之下，PlayStation 的 3D 技术就有些捉襟见肘了，尽管主机的技术性能优秀，但游戏性和画质都为了实现 3D 效果而被牺牲掉了。《超级马力欧 64》为整个行业指明了发展方向！"

» 收集星星的过程与此前的马力欧游戏有所不同，图中这只慢慢龟正在追着马力欧跑呢。

"它是第一个 3D 平台跳跃游戏，也是游戏行业的一个"惊奇时刻"，即使是对游戏最腻烦的人也会为它感到兴奋。它将技术革新与最杰出知名的游戏系列结合在了一起。"格雷格这样总结游戏带来的深远影响。不过，他也补充了很重要的一点："它

也是一部经得起时间考验的游戏。现在玩《超级马力欧 64》也能把你变成那个天真无邪快乐玩耍的孩子。"

这就是《超级马力欧 64》最需要记住的一点。毋庸置疑，它是开辟游戏类型先河的作品，也是一部技术优秀的作品，我们采访的所有开发人员都可以证实这一点。不过时光飞逝，陆续有其他游戏成了 3D 游戏设计的标杆。如果《超级马力欧 64》只是一部在技术上有所进步的游戏，那它就只会作为某个具有重要意义的作品停留在我们的脑海中。但它是一个超级好玩的游戏，距离发售已经过去几十年了，游戏的趣味性却丝毫没有受到时间的磨蚀。

» 轻轻地使用类比摇杆可以让马力欧在不吵醒敌人的情况下从它身边走过去。

"我之前有好几年没玩过《超级马力欧 64》，后来我重新入坑怀旧游戏，一度担心它太过时而不敢拿起来玩。"马克不好意思地说，"但现在我可以很开心地说，尽管画质带来的新奇感已经不在了，但它依然是最好玩的主机游戏！"他也很清楚其背后的原因："任天堂能给玩家带来惊喜靠得不仅是画质，还有精心设计的谜题以及游戏玩法。在打造这部游戏时，任天堂不仅像对待前作那样在玩法上下功夫，还将其融入这么一个庞大的世界之中，而这一切都蕴藏在游戏机上面的这个小塑料卡带里。"

这就是《超级马力欧 64》魅力不减当年的原因。当年玩 N64 的那群孩子已经成年，正是由于他们对《超级马力欧 64》及其续作的爱，才使得那些推动传统 3D 平台跳跃游戏复兴的游戏众筹计划得以成功，包括《时光之帽》以及 Playtonic 的《尤卡莱莉大冒险》。《超级马力欧 64》的超凡游戏体验使得大多数人能在拿到最后一颗星星，并且在城堡上和耀西对话多年以后，依然拿起它游玩。这是一个让人无法厌倦的游戏，不信你可以到网上看看有多少《超级马力欧 64》的速通流程、挑战流程和改编版游戏。

耳听为虚，眼见为实。把《超级马力欧 64》拿出来开个新存档开始玩吧。进入炸弹兵的战场之前不妨在城堡外面转转找找感觉。我们可不相信你玩几分钟就能收手。多年后的今天，游戏开发者依旧试图打造同样让人欲罢不能的游戏。 *

» 大部分扩展角色都没有出现在《超级马力欧 64》中，比如路易吉，因此耀西争取到了一个配角的位置。

157

# 信仰之跃

## 5个大胆尝试3D风格并成功的游戏

### 《密特罗德 究极》（*Metroid Prime*）2002 年

■许多人都对 3D 版《密特罗德》能否成功抱有怀疑态度，但 Retro Studios 交出了完美的答卷：《密特罗德 究极》。游戏不仅保留了《密特罗德》一贯孤独、自由的画风，还将 GameCube 的性能展现得淋漓尽致，是成功实现 2D 向 3D 跨越的最佳案例之一。

### 《塞尔达传说：时光之笛》（*The Legend of Zelda: Ocarina of Time*） 1998 年

■继《超级马力欧 64》之后，任天堂也将新一代的《塞尔达传说》带入了 3D 世界。游戏逼真的纵深感给玩家带来了惊奇的游戏体验。

### 《侠盗猎车手 3》（*Grand Theft Auto III*） 2001 年

■《侠盗猎车手 3》和《超级马力欧 64》及《塞尔达传说：时光之笛》一样也为后来的 3D 游戏，尤其是开放世界游戏提供了优秀的范本。游戏发售前有多低调，发售后造成的轰动就有多大，其本身的场景和人物性格也非常真实。

### 《最终幻想 7》（*Final Fantasy VII*） 1997 年

■《最终幻想 7》更像是一个有趣的实验，因为除了 3D 化的图像，游戏在玩法结构上相较于之前的作品并没有特别大的改动。不过，得益于光盘相较于卡带的存储优势，《最终幻想 7》拥有了精彩的过场动画和影院级的试听效果。

### 《合金装备》（*Metal Gear Solid*） 1998 年

■和《最终幻想 7》一样，《合金装备》也拥有前所未有的影院级别试听效果。小岛秀夫团队也拥抱了 3D 技术并将其发挥到了极致。游戏主角斯内克（Snake）在 PlayStation 上的潜入任务是公认的现代电影质感游戏的灵感来源。

# ……以及5个臭名昭著的反面教材

**《遁入黑暗》**（*Fade to Black*） 1995 年

■很多人都觉得《闪回》（*Flashback*）不适合开发续作，《遁入黑暗》很好地印证了这一点。粗糙的 3D 画面和初代的水平相比简直一个地下一个天上，幸好人物动画给游戏稍微挽回了一些面子。

**《大笨猫 3D》**（*Bubsy 3D*） 1996 年

■臭名昭著的史上最烂游戏之一。游戏看起来像把索尼克的劣质山寨版扔到了一个奇丑无比的 3D 世界中，整个场景看起来就像由一堆未开发完成的模块堆砌而成。各种莫名其妙的死亡和闪现既浪费了玩家的金钱，又浪费了玩家的时间。

**《蚯蚓吉姆 3D》**（*Earthworm Jim 3D*） 1999 年

■把由 2D 到 3D 过渡的重任全权交由一个未经历过市场考验的开发团队或许不是一个好主意，《蚯蚓吉姆 3D》就是一个很好的印证。单调的场景完全与原作色彩丰富的背景设计背道而驰，镜头视角就像是有自己的意识一样不听使唤。

**《恶魔城 64》**（*Castlevania 64*） 1999 年

■人们对《密特罗德》能否实现 3D 跨越的怀疑与《恶魔城 64》多少有点关系，后者在通往 3D 的路上显然遭遇了挫折。追杀吸血鬼的 3D 镜头存在致命缺陷，与该系列强调精准度的卖点完全背离。

**《波斯王子 3D》**（*Prince of Persia 3D*） 1999 年

■尽管《波斯王子 3D》不像某些作品那样一无是处，但劣质的操控和别扭的动画让它在前作优秀的表现下显得更加糟糕。游戏的镜头也一言难尽，简直是 3D 游戏的标准反面教材。

# 超级马力欧大陆 2: 6个金币

» 平台: Game Boy  » 发行时间: 1992年  » 发行公司: 任天堂

《超级马力欧大陆》总给人一种特别的感觉。虽然游戏的灵感来源于 NES 上的经典《超级马力欧兄弟》系列游戏，但游戏却有属于自己的风格。不论是射击环节，还是古埃及主题的关卡，这些都是家用机游戏前所未见的元素。所以《超级马力欧大陆》即将迎来续作之际，我们都期待新的作品也能一如前作般打破传统。

任天堂果然没辜负我们的期待。在《超级马力欧大陆 2: 6个金币》中，马力欧在大地图上被巨型乌龟一口吞下之后，先是坐上了一艘船，然后又坐到了鲸的肚子里。对，你没看错，是鲸。对我们这位无畏的大胡子水管工来说，鲸肚子里那些黏糊糊的肠子根本算不上什么问题，不过他需要在躲避慢慢龟和枯骨鱼的时候留意别被鲸骨头刺伤了。为什么这里会有鲸骨头？为什么马力欧在鲸肚子里？没人知道答案。但就是这层神秘感让《超级马力欧大陆 2: 6 个金币》成为一部具有自身风格的马力欧游戏。✳

## 小传

"刺猬为什么过马路？为了去《超级马力欧大陆2》。"虽然这句广告语十分俏皮，但任天堂可能并没有在开玩笑，马力欧前作引人入胜的游戏设计在《超级马力欧大陆2》中发挥到了极致。玩家们可以自由发挥，穿越层层关卡找回被罪大恶极的瓦力欧偷走的 6 个金币。这也是瓦力欧第一次出现在游戏当中，同时也为全新《瓦力欧大陆》系列的产生埋下了伏笔，而多年后《超级马力欧大陆》的掌机冒险游戏也将被《超级马力欧 3D 乐园》淘汰。

# 更多《超级马力欧大陆 2》经典时刻

## 小兔子乖乖

胡萝卜是《超级马力欧》系列游戏的一个罕见的道具。捡起它就可以让马力欧长出两只可爱的兔耳朵。顶着兔耳朵的马力欧虽然无法进行旋转跳，但却可以飞跃鸿沟，持续点按跳跃键就可以轻松做到。这招在森林区特别管用。

## 发财啦！

不同于以往 100 个金币兑换一条额外生命的套路，《超级马力欧大陆 2》里的金币可以用来玩小游戏。玩家可以通过小游戏获得道具，而超级大奖则是 20 条额外生命（没错，整整 20 条额外生命！）。图示这里我们成功地拿到了这 20 条生命。这种感觉太奇妙了！再也不用担心没玩几下就游戏结束了。

## 不走寻常路的Boss

通常情况下，马力欧面对的boss
不是酷霸王就是酷霸王7人组。
但《超级马力欧大陆2》里的
boss都是动物。图中是森林区
的飞鸟守卫。和它一起守护金币
的还有其他与各自关卡主题相对
应的动物。比如，乌龟区的章鱼。

## 探月者

邪恶的星星是马力欧宇宙特殊的
存在，有时候你还真需要那么点
太空漫步带来的惊险感。低引力
环境下的马力欧穿上了宇航服，
像其他游戏里的游泳环节一样小
心地躲避着各种物体。《超级马
力欧银河》的灵感来源于此吗？
谁知道呢……

# 马力欧
## 衍 生 作 品

　　那个叫马力欧的水管工可真是个精明的家伙。表面上他是默默无闻的水管工，背地里他却是蘑菇王国的英雄，不过他可不止这点本事。这些年来，马力欧还做过冠军赛车手、网球高手、高尔夫专家、派对达人、打字教练等。他甚至还做过医生，不过他乱开药的毛病让人免不了怀疑抗生素耐药性会不会是他一手造成的。

　　不过，马力欧的多才多艺可不是小打小闹。在其他游戏明星挣扎着要出一个有意义的衍生作品时，马力欧已经拥有众多与其平台跳跃主线作品实力相当的衍生作品了，其中某些衍生作品甚至发展出了自己的系列游戏。接下来，让我们一起好好地看一看马力欧的非平台跳跃类衍生游戏。

# 教育系列

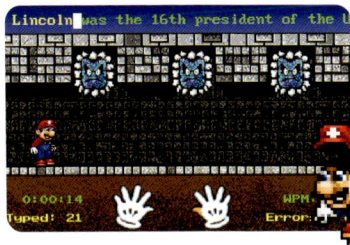

## 《马力欧教打字》（*Mario Teaches Typing*）
PC，1991 年

■ 这是个非常简单的小游戏。玩家用键盘打字，马力欧做出相应的动作，直到玩家按错键或者错过按键时机。此外，游戏还会显示正确的打字指法，让玩家知道每个字母对应的按键。这一关里马力欧可能还在踩慢慢龟，后一关他可能就开始躲咚咚了。奇怪的是，《马力欧教打字》貌似是马力欧第一次张嘴说话的游戏。谁能想得到呢？

## 《马力欧失踪记》（*Mario Is Missing*）
PC/SNES/NES，1992 年

■ 有意思的来了：由于马力欧被绑架了，路易吉当上了主角。为了拯救这位人见人爱的好兄弟，路易吉必须要……学习世界知名城市的知识来打败酷霸王？这根本不合逻辑。让人郁闷的是，《马力欧失踪记》掀起了马力欧教育类游戏的一个潮流：使用《超级马力欧世界》的画风和音乐，但又总是用不到位。考虑到这些都是官方授权开发的游戏，任天堂为辛苦的工程师们提供点素材也无可厚非。

## 《马力欧的时光机》（*Mario's Time Machine*）
PC/SNES/NES，1993 年

■ 卑鄙的酷霸王穿越时光偷盗了各种各样的历史文物。为什么？当然是为了建造属于他自己的博物馆啦！不幸的是，酷霸王自私的行为会潜移默化地改变历史进程，所以马力欧决定回到过去把展品交还给它们各自的拥有者。游戏中玩家以一种飙车吃蘑菇的方式进行穿越，为游戏在进入《马力欧失踪记》式的沉闷环境前增加了一丝兴奋感。

## 《马力欧学前教育：幼儿园》（*Mario's Early Years! Preschool Fun*）
PC/SNES，1994 年

■ 这个奇怪的小游戏由一系列各式各样的活动组成，包括找不同、听声音。玩家指着奶牛按下按键，就会听到"哞"的牛叫声。挺妙的，对吧？更妙的是，游戏的提示内容是以配音而非文字形式传达给玩家的，因为游戏的设计者显然意识到游戏的玩家应该是看不懂文字的小朋友。5 岁以上的玩家可能不会从中获得多少乐趣，但游戏本来就不是给这群玩家设计的，对吧？

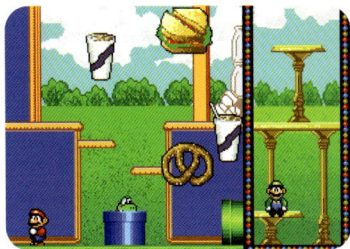

**其余游戏……** 《我是老师：超级马力欧毛衣》（*I Am A Teacher: Super Mario Sweater*）（1986 年）|《马力欧学前教育：字母篇》（*Mario's Early Years: Fun with Letters*）（1993 年）|《马力欧学前教育：数字篇》（*Mario's Early Years: Fun with Numbers*）（1994 年）|《马力欧教打字 2》（*Mario Teaches Typing 2*）（1996 年）

**165**

## 《超级马力欧卡丁车》（*Super Mario Kart*）

SNES，1992 年

■ 任天堂从一开始就打算把《超级马力欧卡丁车》做成一款马力欧游戏吗？不。任天堂最开始想做的是一款双人版的《F-Zero 未来赛车》。虽然事与愿违，但也意外造就了《超级马力欧卡丁车》这款佳作。依靠 Mode 7 技术呈现出的伪 3D 效果赛道在当时绝对是高技术水平的展现，而游戏的魅力远不止华丽的外表。

　　许多成就《马力欧卡丁车》系列游戏的元素都始于《超级马力欧卡丁车》。从龟壳到香蕉和无敌星，游戏中的大部分武器道具都成了系列中的标志性道具。连按肩键进行漂移时微小的跳跃动作，以及难度很高的彩虹之路决赛也能在这里找到。某些有精神洁癖的玩家可能还会跟你说《超级马力欧卡丁车》才是整个系列的最佳作品，而其他作品都是狗尾续貂。有时候他们这番话还蛮有说服力的。

## 《马力欧卡丁车 64》（*Mario Kart 64*）
### N64，1996 年

■《超级马力欧卡丁车》的第一部续作就直接进入了全 3D 世界并带来了设计上的全面革新，高低起伏的赛道和高难度的跳跃瞬间成了标配。维度升级在带来包括酷霸王城堡在内的一众氛围感很强的赛道时，也使得《马力欧卡丁车》系列中一些卑鄙的操作成为可能。在彩虹赛道抄过捷径的玩家和在瓦力欧竞技场电击过其他玩家的人应该知道我们说的是什么意思。N64 的 4 个手柄接口让游戏的多玩家模式更加疯狂。游戏还新加入了追踪领先车手的蓝龟壳道具。该道具也自此成了该系列的标志性（并具有争议性）道具。

## 《马力欧卡丁车：超级赛道》（*Mario Kart Super Circuit*）
### Game Boy Advance，2001 年

■任天堂的新掌机当然需要一款能够展现其优秀性能的游戏。正如 10 年前，《超级马力欧卡丁车》以其酷炫的 Mode 7 赛道惊艳 SNES 玩家一样，《马力欧卡丁车：超级赛道》也以其出色的质量惊艳了 GBA 玩家。这一次，任天堂并没有将 SNES 上的原版游戏简单移植到 GBA 掌机上，而是为其量身打造了一款画质更好并拥有全新赛道的新游戏。当然游戏还有一些其他的新特色，但都比较一般。最棒的还是联机对打模式。利用 GBA 的联机线，只需一个游戏卡带，就可以进行至多 4 名玩家的联机对战游戏。

## 《马力欧卡丁车：双重冲击！！》（*Mario Kart Double Dash!!*）
### GameCube，2003 年

■系列游戏中一个古怪的存在，允许两名玩家共同操控一辆卡丁车，不过所谓的"双重冲击"概念也就仅止于此。此外，每位赛车手都拥有自己的专属道具，并且可以自行挑选卡丁车。赛道设计维持了系列作品的高水准，使游戏不至于引起更大的争议。

### 《马力欧卡丁车 DS》（*Mario Kart DS*）
NDS，2005 年

■作为系列的第二部掌机续作，《马力欧卡丁车 DS》是第一部同时包含复古赛道和 3D 新赛道的马力欧赛车游戏。在新加入的赛道中，嘀嗒时钟、瓦路易吉弹珠台、炮弹先锋飞船当属最佳。该作也是第一部允许线上联机的马力欧卡丁车作品，来自世界各地的玩家都可以在线上一决高下，成为蓝龟壳的靶子。

### 《马力欧卡丁车 Wii》（*Mario Kart Wii*）
Wii，2008 年

■《马力欧卡丁车 Wii》是系列游戏中销量最好的游戏，但并不是完全没有争议。可容纳 12 名赛车手竞技的赛道、让人眼前一亮的强化道具、初次登场的摩托车都是该作的亮点。此外，漂移操作的加快速度效果在本作中被削弱。多玩家模式依然精彩，但挨个解锁道具的过程多少有些烦琐、乏味。

### 《马力欧卡丁车 7》（*Mario Kart 7*）
3DS，2011 年

■得益于 Retro Studios 公司的加入，《马力欧卡丁车》的第 3 部掌机续作为系列注入了新鲜的血液，在为赛车赋予滑翔和水下行驶功能的同时，也将比赛场地拓展到了天空和海洋中，甚至连复古赛道也基于赛车的新功能进行了调整。玩家还可以自行选择部件打造自己的卡丁车，不同的部件会对卡丁车的速度、加速度、重量、抓地力等属性产生不同的影响。

### 《马力欧卡丁车 8》（*Mario Kart 8*）
Wii U，2014 年

■《马力欧卡丁车 8》新加入了反重力车辆和众多类似《F-Zero 未来赛车》风格的高难度赛道。本作也是第一部含有 DLC 内容的马力欧卡丁车游戏，DLC 内容包括一系列任天堂的知名 IP，例如《塞尔达传说》《越野摩托》和《F-Zero 未来赛车》。美中不足的是，游戏的对战模式有些不太让人满意，不过这仍然无法阻止《马力欧卡丁车 8》成为 Wii U 平台史上销量最佳的游戏，过半的 Wii U 玩家都购买了这部卡丁车游戏。

## 《马力欧卡丁车 8 豪华版》（*Mario Kart 8 Deluxe*）
Switch，2017 年

■系列的最新作品《马力欧卡丁车 8 豪华版》[1]是《马力欧卡丁车 8》的加强版续作，包含了 Wii U 前作的所有 DLC 内容和所有默认解锁的内容。此外，本作还加入了 *Splatoon* 的角色，并收录了 5 种对战规则，见证了对战模式的回归。作为一款可以随时随地多人开战的游戏，《马力欧卡丁车 8 豪华版》当之无愧地成了 Switch 平台的畅销游戏。

## 其余游戏……

《马力欧卡丁车：街机大奖赛》（*Mario Kart Arcade GP*）（2005 年）

《马力欧卡丁车：街机大奖赛 2》（*Mario Kart Arcade GP 2*）（2007 年）

《马力欧卡丁车：街机大奖赛 DX》（*Mario Kart Arcade GP DX*）（2013 年）

《马力欧卡丁车：街机大奖赛 VR》（*Mario Kart Arcade GP VR*）（2017 年）

①截至本书英文原版出版时间 2018 年。——译者注

# 马力欧派对系列

## 《马力欧派对》（*Mario Party*）

N64，1998 年

■ 当任天堂在 N64 上推出这款由 Hudson Soft 打造的衍生游戏时，没人能预料到它会成为最多产的马力欧衍生系列游戏。游戏在类似桌游的地图上展开，各个角色通过掷骰子的方式进行移动。玩家的目标是获得尽可能多的星星，最终获得最多星星的玩家获胜。各回合之间还穿插着小游戏，玩家可以通过小游戏获得在正常回合中使用的金币。53 个金币的总量也保证了玩家游玩的积极性。

然而，这样的游戏设计却让任天堂在美国受到了集体诉讼。《马力欧派对》中的某些小游戏要求玩家迅速转动 N64 的类比摇杆，有些玩家为追求速度而使用手掌进行操作，导致了手部起水泡和酸痛。任天堂不得不为所有购买了该游戏的玩家提供保护手套。怪不得这类小游戏再也没能出现在系列续作中。

## 《马力欧派对 2》（*Mario Party 2*）
### N64，1999 年

■这部《马力欧派对》续作有两大宗旨：第一，消除任何可能会为任天堂带来官司纠纷的元素；第二，增添道具，打造更丰富的游戏体验。玩家可以通过购买、赢得和窃取的方式获得一系列功能各异的道具并在游玩过程中使用。比如，普通蘑菇和金蘑菇可以增加玩家每轮的掷骰子次数，酷霸王装可以让玩家在经过其他玩家时抢夺对方的一些金币。作为该系列喜闻乐见的新特色，这些道具也成了和小游戏并驾齐驱的《马力欧派对》必备元素。

## 《马力欧派对 4》（*Mario Party 4*）
### GameCube，2002 年

■《马力欧派对》系列的第一部"次世代"续作，包含众多新元素。比如，新加入的 6 个 3D 游戏地图、咚咚及喔咚带来的升级版小游戏。虽然 GameCube 的性能让游戏在当年看起来很不错，但为了给这些新元素让路，该作小游戏数量被削减到了系列自初代以来的最低水平。尽管激进的宣传策略多少有些令玩家反感，但新平台的诱惑还是给游戏带来了可观的销量。在前作《马力欧派对 3》的销量只刚刚破百万的情况下，《马力欧派对 4》200 多万份的销量可以说是相当优秀了。

## 《马力欧派对 6》（*Mario Party 6*）
### GameCube，2004 年

■《马力欧派对 6》是第一部包含超 80 个小游戏的系列作品。此外，玩家还可以使用与之配套的 GameCube 话筒外设游玩这些小游戏。次年的《马力欧派对 7》也继承了这个特色。

## 《马力欧派对 Advance》（*Mario Party Advance*）
### Game Boy Advance，2005 年

■和大家一样，我们也很惊讶为什么任天堂过了这么久才把如此受欢迎的作品带到掌机平台上。由于 GBA 的性能限制，游戏设计师们无法在掌机上实现 3D 视觉效果，导致《马力欧派对 Advance》里的小游戏在体验上稍逊一筹。好在当时也到了 GBA 交棒给 NDS 的时候，这个问题很快就迎刃而解了。

**171**

### 《马力欧派对 8》（*Mario Party 8*）
Wii，2007 年

■ Wii 对普通玩家的吸引力是刺激《马力欧派对》销量的绝佳武器。事实确实如此，《马力欧派对 8》卖出了 760 万份的巨额销量。体感控制器也毫不意外地借由本作加入整个《马力欧派对》系列作品中，并一直保留至 Wii 时代结束。不过，体感控制器导致了后来的某个游戏出现问题……

### 《马力欧派对 DS》（*Mario Party: DS*）
NDS，2007 年

■如果我们告诉你，《马力欧派对 DS》中的不少小游戏都采用了一种新的操控方式，而这种操控方式就是手写笔加触控屏，你会感到惊讶吗？大概不会吧。这时候你应该已经习惯了任天堂利用《马力欧派对》系列游戏尝试新概念的做法。那么这次的尝试奏效了吗？《马力欧派对 DS》让人眼红的800 万份销量已经足够回答这个问题了。

### 《马力欧派对 10》（*Mario Party 10*）
Wii U，2015 年

■《马力欧派对 10》是 Wii U 平台上唯一的《马力欧派对》续作。游戏继承了 Wii 平台前作的风格，让所有玩家坐同一个交通工具展开冒险。本作像早期的《马力欧派对》游戏一样支持 Amiibo 手办，还新加入了有趣的一对多酷霸王派对模式，允许 4 名玩家同屏一起对付逃跑的酷霸王，享受紧张、刺激的冒险。与此同时，另一名玩家则在 Wii U GamePad 手柄上操控酷霸王，设下重重陷阱阻止其余玩家追击。这也不失为一种有趣的反转。

## 《马力欧派对：最佳 100 小游戏》（*Mario Party: The Top 100*）
### 3DS，2017 年

■《马力欧派对》系列的这部最新作品[1]主打怀旧概念，收录了由初代《马力欧派对》到《马力欧派对10》之中最受玩家喜爱的 100 个小游戏。为了给这些小游戏增添更多新鲜感，任天堂在原版游戏的基础上做了一些调整，因此追求原汁原味的玩家可能不适合上手这部游戏。虽然游戏本身只包含一个地图，但其中的小游戏之岛（Minigame Island）给玩家带来了另一种挑战：解锁 24 个小游戏供主模式使用。

## 其余游戏……

《马力欧派对3》（*Mario Party 3*）（2000 年）|《马力欧派对5》（*Mario Party 5*）（2003 年）|《马力欧派对e》（*Mario Party-e*）（2003 年）|《马力欧派对7》（*Mario Party 7*）（2005 年）|《马力欧派对9》（*Mario Party 9*）（2012 年）|《马力欧派对：空岛之旅》（*Mario Party: Island Tour*）（2013 年）|《马力欧派对：群星冲刺》（*Mario Party: Star Rush*）（2016 年）

---

[1]截至本书英文原版出版时间 2018 年。——译者注

173

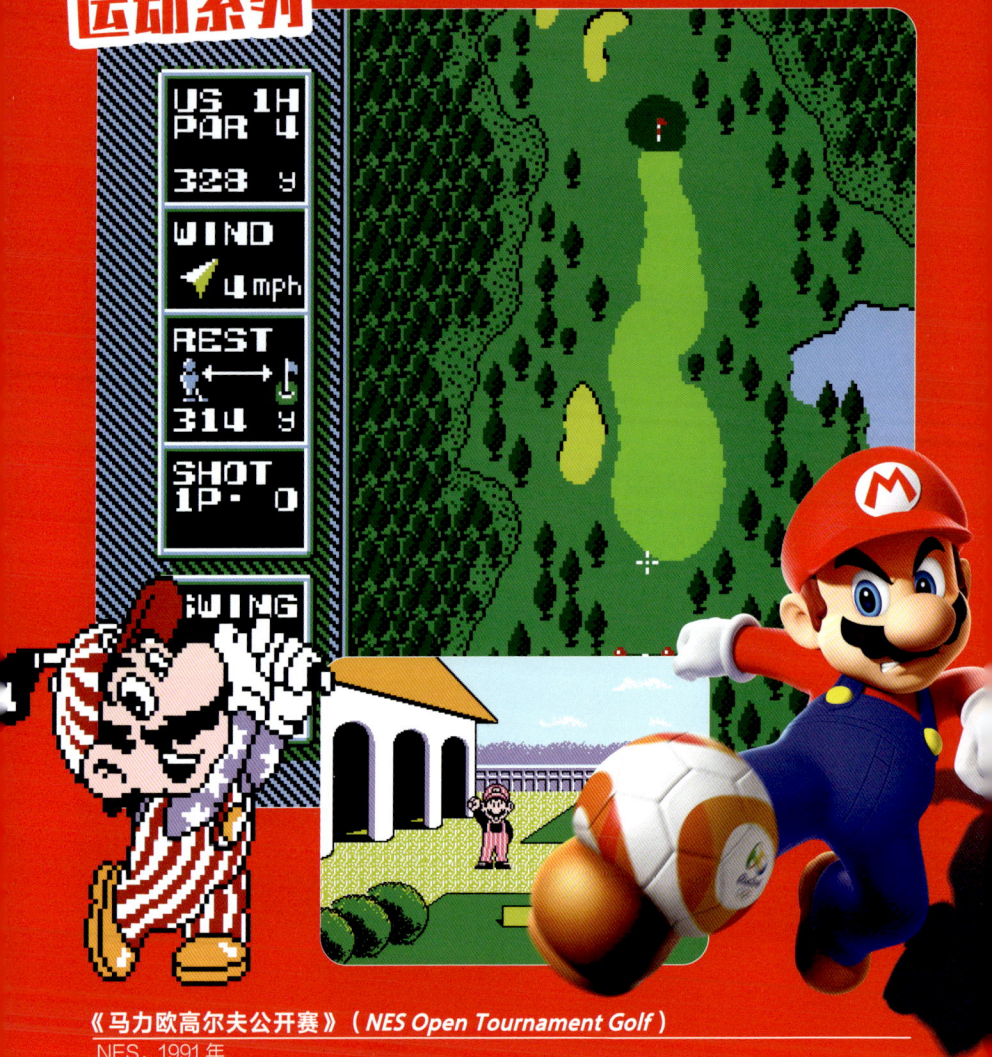

**《马力欧高尔夫公开赛》**（*NES Open Tournament Golf*）

NES, 1991 年

■和大部分马力欧衍生游戏不同，《马力欧高尔夫公开赛》的英语名"NES Open Tournament Golf"并不包含马力欧的名字"Mario"，但在游戏的包装封面上却可以看见他的身影。再加上路易吉作为玩家的另一个可选角色，桃花公主和奇诺比奥作为球童，《马力欧高尔夫公开赛》怎么看都是正宗的马力欧衍生游戏。

马力欧游戏普遍以古怪的街机风格闻名，将多人游戏的快乐和疯狂置于真实感之上，但《马力欧高尔夫公开赛》却是其中的一股清流，它还真是一部贴近现实的高尔夫游戏。奇怪的是，日版游戏与国际版游戏在内容上差别极大，而后者的发行时间则要远早于前者。这并没有影响马力欧的高尔夫生涯，不过，从 1999 年的《马力欧高尔夫》开始，后续的马力欧高尔夫游戏就开始有蘑菇王国的特色了。

174

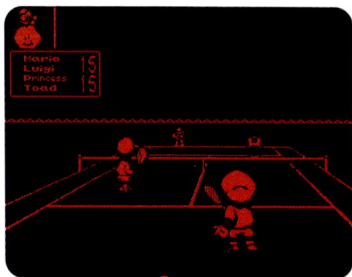

### 《马力欧网球》（*Mario's Tennis*）
Virtual Boy，1995 年

■和《马力欧高尔夫公开赛》类似，《马力欧网球》也开启了一个自成一脉的游戏系列。游戏本身是相当简单、直接的网球游戏，内含几乎所有来自《超级马力欧卡丁车》的角色。《马力欧网球》借助 Virtual Boy 的深度模拟性能实现了低角度镜头画面。虽然多玩家模式才是马力欧体育类游戏的卖点，但由于 Virtual Boy 并没有官方的多玩家模式解决方案，所以《马力欧网球》仅支持单人模式。

### 《马力欧明星棒球》（*Mario Superstar Baseball*）
GameCube，2005 年

■ 在高尔夫和网球界取得多年的成功后，马力欧在 GameCube 生命末期开始进军新的体育项目。在《马力欧明星棒球》中，马力欧和他的朋友们得以一展各自的"星之技"（Star Skill）。玩家可以在商店购买强化道具。而游戏的赛场居然自带伤害道具，比如发球角度刁钻的吞食花。游戏还为玩腻了普通棒球游戏的玩家准备了各式各样的小游戏。游戏的评价偏向好评，均分大概在 *Edge* 的 6/10 分和 *Nintendo Power* 的 9/10 分之间。

### 《超级马力欧足球》（*Super Mario Strikers*）
GameCube，2005 年

■想看没有裁判的足球比赛并且还没发现非联赛球队能带来的欢乐？《超级马力欧足球》是你的不二之选。不用作弊，你就可以给对手一点颜色看看。不做药检，强化道具就能让你占据优势。还有一球抵两球的超级球，以及必须拼个胜负才能结束比赛的赛制。*Nintendo Power* 给游戏打出 7.5/10 分，这也反映了媒体对游戏的普遍评价。

### 《马力欧篮球 3 对 3》（*Mario Slam Basketball*）
NDS，2006 年

■《马力欧篮球 3 对 3》是由史克威尔艾尼克斯（Square Enix）公司开发的马力欧衍生作。游戏的打分系统有些奇怪：普通球计 20 分，平时的 3 分球计 30 分，任意位置的特殊球计 40 分。游戏本身不赖，但所有操控都需要用触控笔完成，且没有传统的按键操控选项，可惜并非所有人都能接受这样的操控方式。

**175**

## 《马力欧与索尼克在北京奥运会》（*Mario & Sonic at the Olympic Games*）
### Wii/NDS，2007 年

■《马力欧与索尼克在北京奥运会》是马力欧和世嘉老对手索尼克的联动之作。而这样一部 20 世纪 90 年代的孩子们梦寐以求的作品竟然是体育运动大杂烩？这主意听起来有些疯狂，一如游戏的销量。不过我们最终还是弄明白了背后的原因。马力欧和索尼克比赛百米短跑？酷霸王和艾咪·罗斯（Amy Rose）比拼乒乓球？蛋头博士（Eggman）参加蹦床比赛[1]？一切皆有可能。《马力欧与索尼克在北京奥运会》是一部出色的体育类游戏，游戏结合体感操控的方式也非常值得借鉴。该系列的续作目前更新到 2016 年的里约奥运会[2]。

## 《马力欧和索尼克在温哥华冬奥会》（*Mario & Sonic at the Olympic Winter Games*）
### Wii/NDS，2009 年

■马力欧和老冤家索尼克再次登上奥运舞台，并把彼此间的较量带到了雪场。《马力欧和索尼克在温哥华冬奥会》新增了不少梦幻项目，还加入了许多包括打雪仗在内的非奥运会官方项目，为游戏增添了更多乐趣。有选择困难症的玩家不必纠结，本作和原作一样，Wii 版和 NDS 版入手哪一款都不亏。

## 《马力欧大运动会》（*Mario Sports Mix*）
### Wii，2010 年

■《马力欧大运动会》收录了 4 个没有单独系列游戏的运动项目：篮球、排球、曲棍球和躲避球。这是史克威尔艾尼克斯继《马力欧篮球 3 对 3》后打造的又一款马力欧游戏。《马力欧大运动会》的媒体评价不温不火，其中的大部分运动项目也没能保留到后续的马力欧游戏中。

①艾咪·罗斯和蛋头博士均为《刺猬索尼克》系列中的角色。——译者注
②本书英文原版于 2018 年出版，当时最新的一部马力欧和索尼克游戏是 2016 年的《马力欧和索尼克在里约奥运会》。截至 2021 年的最新续作是《马力欧和索尼克在东京奥运会》（*Mario & Sonic at the Olympic Games Tokyo 2020*）。——译者注

## 《马力欧高尔夫：世界巡回赛》（*Mario Golf World Tour*）
### 3DS，2014 年

■《马力欧高尔夫：世界巡回赛》是最新的一部马力欧高尔夫游戏，不仅充分展现了马力欧运动系列的趣味性，还允许玩家设置是否使用强化道具，为街机味十足的标准模式增添了一些不一样的乐趣。我们特别喜欢把球打到水管里再看着它被喷出来的那种感觉！

桃花公主一球击穿层层树叶和厚实的草坪

## 《马力欧网球：终极扣杀》（*Mario Tennis: Ultra Smash*）
### Wii U，2015 年

■冰面赛场、巨大蘑菇，还有大家最喜欢的菊花公主都没能拯救这部《马力欧网球》系列游戏。单调的游玩模式限制了游戏的发挥。

## 《马力欧运动：超级明星》（*Mario Sports Superstars*）
### 3DS，2017 年

■《马力欧运动：超级明星》是由万代南梦宫和柯莱特（Camelot）共同开发的马力欧运动游戏，收录了以往所有的网球、高尔夫、棒球和足球游戏，并新增了马术项目。只可惜游戏杂而不精，反响平平。

### 其余游戏……

《马力欧高尔夫》（*Mario Golf*）（1999 年）|《马力欧网球 64》（*Mario Tennis*）（2000 年）|《马力欧高尔夫：蘑菇杯巡回赛》（*Mario Golf: Toadstool Tour*）（2003 年）|《马力欧高尔夫巡回赛》（*Mario Golf: Advance Tour*）（2004 年）|《马力欧网球 GC》（*Mario Power Tennis*）（2005 年）|《马力欧足球：激情四射》（*Mario Strikers Charged*）（2007 年）|《马力欧超级强打》（*Mario Super Sluggers*）（2008 年）|《马力欧和索尼克在伦敦奥运会》（*Mario & Sonic at the London 2012 Olympic Games*）（2011 年）|《马力欧网球：公开赛》（*Mario Tennis Open*）（2012 年）|《马力欧和索尼克在索契冬奥会》（*Mario & Sonic at the Sochi 2014 Olympic Winter Games*）（2013 年）|《马力欧和索尼克在里约奥运会》（*Mario & Sonic at the Rio 2016 Olympic Games*）（2016 年）|《马力欧网球 王牌》（*Mario Tennis Aces*）（2018 年）

## 《马力欧医生》（*Dr. Mario*）
### NES，1990 年

■ 20 世纪 80 年代末，《俄罗斯方块》类的益智游戏风靡一时。靠 Game Boy 上的《俄罗斯方块》赚得盆满钵满的任天堂决定深入这个细分市场，制作属于任天堂自己的方块消除游戏。药片从瓶口落下，玩家要调整药片，将颜色相同的部分拼在一起，以消除瓶子里的细菌。消灭所有的细菌即可获得游戏胜利。最令我们印象深刻的是游戏魔性的背景音乐。

## 《马力欧绘图》（*Mario Paint*）
### SNES，1992 年

■《马力欧绘图》是一款与 SNES 鼠标捆绑销售的绘图游戏。玩家可以通过这款游戏制作优美地动画并将其保存到 VHS 上珍藏起来。尽管游戏的绘图工具在当时看来相当优秀，但让游戏收获玩家长期支持的却是另一个意想不到的东西：游戏的音乐制作工具。该工具前所未有的精简灵活的特性将全世界的玩家带入音乐制作的大门之中。如今你依旧可以找到各种用《马力欧绘图》游戏的音乐制作工具演奏的流行音乐，甚至还有独立的饭制版音乐制作软件。

## 《马力欧与瓦力欧》（*Mario & Wario*）
### SNES，1993 年

■《马力欧与瓦力欧》是田尻智及其 Game Freak 团队在大火的《宝可梦》之前打造的益智游戏。游戏整体与《旅鼠》有些类似，玩家需要将角色安全无恙地护送到终点（图中玩家需要保护被瓦力欧蒙上眼睛的马力欧）。与其他马力欧游戏不同的是，本作中玩家不能控制角色，只能通过改变周围的环境保护角色的安全。可惜《马力欧与瓦力欧》只在日本本土发售过，不过有机会拿到游戏的玩家一定不要错过这颗被人忽视的遗珠。

## 《马力欧旅馆》（*Hotel Mario*）
### CD-i，1994 年

■《马力欧旅馆》是任天堂和飞利浦生产 SNES CD ROM 外设合作失败的产物，只能在飞利浦的机器上运行。除了某些内容以外，游戏本身并不像网络上说的那么差，不过确实与大部分马力欧游戏相去甚远。

## 《马力欧绘图方块》（*Mario Picross*）
### Game Boy，1995 年

■《马力欧绘图方块》实际和马力欧的关联性并不是很强，但这样一款优秀的游戏我们怎么能不多拿出来讲讲呢？观察数字点击格子拼出一幅画的过程是不是很治愈？当然，只要你不点错格子……

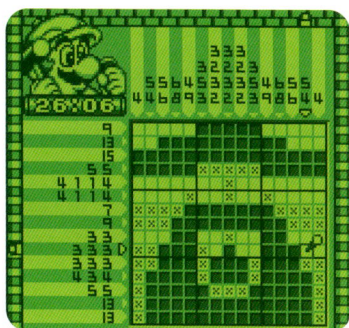

## 《马力欧冲击》（*Mario Clash*）
### Virtual Boy，1995 年

■这部马力欧单屏动作游戏采用了马力欧还未进化成超级马力欧之前的形象。玩家的任务是用各种手段消灭游戏中冒出来的敌人，当然最常用的套路还是踩踏和扔龟壳。Virtual Boy 独有的立体纵深感画面让游戏看上去就像立体版的街机《马力欧兄弟》。

## 《超级马力欧 RPG：七星传说》（*Super Mario RPG: Legend Of The Seven Stars*）
### SNES，1996 年

■你一定会觉得这样一款集合了《超级马力欧世界》的人物角色、《最终幻想 6》的开发商和《森喜刚国度》标志性图像技术的游戏会成为 SNES 上最厉害的游戏，然而事实并非如此。但游戏本身还是一个有可圈可点之处的好游戏。

## 《马力欧与路易吉 RPG》（*Mario & Luigi: Superstar Saga*）
Game Boy Advance，2003 年

■《超级马力欧 RPG》和《纸片马力欧》获得成功后，马力欧和他的兄弟路易吉开启了他们的第 3 部 RPG 冒险之旅，帮助桃花公主夺回她的声音。精彩的自嘲式幽默和独特的战斗系统让《马力欧与路易吉 RPG》成了 GBA 平台上优秀的 RPG 之一。

## 《马力欧对森喜刚》（*Mario VS Donkey Kong*）
Game Boy Advance，2004 年

■《马力欧对森喜刚》是森喜刚系列和马力欧系列的益智类衍生作品，也是 1994 年发行的 Game Boy 版《森喜刚》的续作。玩家在游戏中控制迷你版马力欧对抗森喜刚。《马力欧对森喜刚》不仅收获了巨大成功，还衍生出了属于自己的任天堂掌机系列游戏。

## 《超级马力欧弹珠台》（*Super Mario Ball*）
Game Boy Advance，2004 年

■索尼克曾经卷起身子变成弹珠出演了属于自己的弹珠台游戏，毕竟刺猬都会这一招。不服输的马力欧也学着把自己卷成球，推出了自己的弹珠台游戏《超级马力欧弹珠台》。

## 《劲舞革命：马力欧混音》（*Dance Dance Revolution: Mario Mix*）
GameCube，2005 年

■想把旗下著名的音乐游戏系列搬到 GameCube 上的科乐美（Konami）想蹭蹭任天堂大胡子水管工的名气，所以就有了这部《劲舞革命：马力欧混音》。游戏收录了几乎所有经典的马力欧游戏主题曲。

**180**

## 《智龙迷城：超级马力欧兄弟版》（*Puzzle & Dragons Z + Super Mario Bros. Edition*）
### 3DS，2015 年

■在移动平台掀起浪潮的《智龙迷城》（*Puzzle & Dragons*）当然想在 3DS 平台获得同样的成功。那为什么不请世界上最著名的水管工出演呢？《智龙迷城：超级马力欧兄弟版》就这样诞生了。

## 《马力欧 + 疯狂兔子：王国之战》（*Mario & Rabbids Kingdom Battle*）
### Switch，2017 年

■难以想象马力欧和《雷曼》（*Rayman*）的疯狂兔子能擦出什么样的火花。《马力欧 + 疯狂兔子：王国之战》是一款风格奇特的游戏，也是让人惊喜的 Switch 平台元年佳作。

# 超级马力欧3D乐园

## 有些事情永远不会改变

» 3DS » 任天堂 » 2011年

我敢说看这篇文章的人都有那么一位一起打游戏的朋友。而我的这位朋友叫乔希（Josh）。高中的时候我们坐在一起上数学课，结果因为太爱聊游戏被老师分开了。

当时我们讨论的是《超级马力欧阳光》，什么都聊，在哪里拿收藏品，怎么挖掘出游戏里所有的秘密。后来 NDS 上出《超级马力欧 64》之后，我们又这么讨论了一通。我们俩合在一起就成了最有效率的游戏通关机器。要是当时的游戏指南有现在这么受欢迎，游戏网站会招十几岁的小孩写东西的话，我们俩肯定能成功。

大学之后我和乔希失去了联络。又过了 3 年多，我们俩才在一个朋友的家庭派对上再次碰面。那是 2013 年，我买了一台3DS，正好在背到朋友家过夜的包里。几杯啤酒下肚，我随口说了句我带着 3DS 和《超级马力欧 3D 乐园》。听我这么说，乔希的眼睛都亮了。我跌跌撞撞地跑去拿我的包，然后我和乔希就蹲在地上一连玩了好几个小时的《超级马力欧 3D 乐园》。说真的，我俩坑到眼睛都快睁不开了。

《超级马力欧 3D 乐园》固然不是最好的马力欧游戏，但也不错。它代表了马力欧游戏的普通水平，清爽的 3D 特效，一如既往的一流观感，只不过挑战起来没什么难度。不过也还行，对两个醉酒老友来说，这游戏再合适不过了。

人们说不论分别多久好朋友都是好朋友。对我来说，那个清凉夏夜的晚上，和乔希一起刷遍《超级马力欧 3D 乐园》的经历，就是对这句话最好的印证。★

# 《纸片马力欧》系列发展史

通过多年的努力，马力欧已经成功涉足几乎所有游戏类型，但这位知名的任天堂吉祥物从未像Intelligent Systems开发的《纸片马力欧》系列里这么栩栩如生。罗斯·汉密尔顿（Ross Hamilton）带你了解这个风格奇异的衍生系列背后的故事。

184

HP ❤ 1/10  FP 🌼 5/ 5  ⭐x24

Peril!

» 可怜的马力欧总是遇到各种各样的困难，这次他又撞上麻烦了。小心别受伤！

» 马力欧在旅途中遇到了形形色色的角色，有的会助他一臂之力，有的则是阻挠他行动的绊脚石。

## 《纸片马力欧》系列似乎有着层出不穷的诙谐幽默和自嘲式笑话。

马力欧系列游戏几乎都充满着各种乐趣，无一例外。无论是色彩明亮的图像、绝妙的关卡设计、讨喜的角色动画，还是发现新玩法的快乐、攻克难关的成就感、成功拯救公主的狂喜（或发现公主在其他城堡的郁闷），都给玩家留下了深刻印象。在所有马力欧游戏中，最让玩家捧腹的当属《纸片马力欧》系列。

通过 20 余年的努力和 5 部游戏，Intelligent Systems 成功打造出了《纸片马力欧》系列，一个仅 ▶

## 纸片伙伴 — 10位最让人印象深刻的纸片伙伴

### 酷栗妞（Goombella）

朝气蓬勃的酷栗妞有一颗金子般的心，是马力欧在《纸片马力欧：千年之门》中遇到的第一位伙伴。就读于酷栗大学（University of Goom）的酷栗妞不仅聪明机智，还拥有扫描技能，这些都是侦察敌人弱点的关键。

### 弗露瑞（Madame Flurrie）

宝刀未老的前女星，拥有可以吹跑敌人的"飓风之力"（Gale Force），不过场景里不太稳的纸片道具也会被一并吹走。

### 奴瓦尔伯爵（Count Bleck）

《超级纸片马力欧》中最邪恶的存在，企图毁灭所有维度。这家伙一看就不是个好人，它可比看上去坏多了。

### 神偷鼠小妹（Ms. Mowz）

勋章小偷，零售业创业者，《纸片马力欧：千年之门》中唯一的可选同伴。神偷鼠小妹擅长用香吻迷惑敌人……然后再偷取它们的东西。

### 咻咻（Lady Bow）

害羞幽灵一族的成员，曾在《纸片马力欧》中鼓动马力欧铲除抢占她房产的巨型加邦兵（Clubba）。在某些玩家心中，咻咻是"史上最可爱的害羞幽灵"。

▶ 凭独特的纸片画风和无尽的自嘲式幽默连贯起来的系列。制作一款有趣的游戏并非易事，但马力欧系列 30 多年来积累下来的文本、图像和集体回忆就是打造游戏最好的帮手：每个人都能理解其中的笑话。

史克威尔于 1996 年开发的 SNES 游戏《超级马力欧 RPG：七星传说》是所有马力欧 RPG 的始祖。游戏将传统的 RPG 元素与任天堂平台跳跃游戏的特色美妙地结合到了一起，成就了马力欧初次涉足 RPG 类型的标志之作，也为后续的 RPG 留下了许多可以利用的关键素材。平台跳跃、解谜、回合制战斗以及配合时机按下按

### 炸弹妞（Bombette）

坚强独立不需要依赖男性的女性炸弹兵。炸弹妞是《纸片马力欧》中最让人印象深刻的角色之一。她可以炸飞敌人，炸穿墙壁，打死也不和前男友复合。

### 智贴贴（Kersti）

没人知道世上有没有贴纸仙子，但我们有智贴贴。这位得理不饶人的皇冠造型伙伴以及她的"纸片变变变"（Paperize）技能是帮助马力欧在《超级贴纸》中获胜的重要法宝。

### 休伊（Huey）

有这么个漂浮的油漆桶出现在《纸片马力欧》中并不奇怪。休伊肚子里取之不尽的油漆是帮助棱镜岛（land of Prisma）恢复色彩的重要工具。休伊的眼睛还会随着它的心情变色。

### 安娜（Tippi）

马力欧的第一位像素伙伴，也是《超级纸片马力欧》中一直陪伴在马力欧身旁的伙伴。这位伙伴的扫描和揭露隐藏区域的能力会是玩家探索翻转小镇（Flipside）及此后关卡必不可少的支持。

### 酷霸王（Bowser）

这个马力欧最大的死对头在整个系列中靠扮演反派占尽了镜头。尽管它看上去并不像一位伙伴，但在游戏中玩家却可以在某些场合操控它行动。

键造成更多伤害的战斗设计都可以在游戏中找到。此外，游戏也少不了精心编写、穿插着各种笑料的故事，这足以显出《超级马力欧 RPG：七星传说》在塑造幽默感上的真诚。

将《超级马力欧 RPG：七星传说》称作使人入迷之作有些言过其实，因为它确实没有受到其他一些马力欧游戏那样的广泛热捧。虽然游戏很受欢迎，在日本本土继 N64 出世热潮 3 个月后上架并销量超群，还具有渲染出色的画面和精雕细琢的战斗升级系统，但它还是被《超级马力欧 64》优秀的平台跳跃机制和技术性能抢 ▶

» 《纸片马力欧》为玩家提供了丰富的道具，但有些道具对某些敌人完全无效。

▶ 去了风头。

尽管如此，任天堂和史克威尔的合作依然是成功的，外界也期待二者继续合作在 N64 平台上推出《超级马力欧 RPG：七星传说》的续作。但众所周知，两家公司在第一次合作后关系迅速恶化。为降低开发成本，史克威尔退出了后续游戏的开发，转身投入了索尼 PlayStation 的怀抱，将"嗷嗷待哺"的马力欧 RPG 系列扔给了任天堂。就在这个时候，雪中送炭的 Intelligent Systems 来了。

Intelligent Systems 通过此前的《超级任天堂大战》（Famicom Wars）和《火焰之纹章》（Fire Emblem）树立了良好的口碑，成为接替项目的不二人选。当时项目的名称叫作"超级马力欧 RPG 2"（Super Mario RPG 2）。项目本身是少有的令人兴奋的项目，带给开发团队的巨大压力也可想而知：怎样才能制作出一款不被《超级马力欧 64》光芒所掩盖的游戏呢？

在京都办公室里，摆在开发团队面前最棘手的问题就是游戏的画面。Intelligent Systems 团队亟须寻找到一个将游戏与马力欧主线作品区分开来的画风。在 2012 年的"社长问"（Iwata Asks）圆桌会议上，项目经理中岛健之回忆起开发团队当时面临的困难时是这样说的："我们不知道怎样才能在主线系列中加入一个不一样的主题……最初，我们把团队分成了并行小组，同时钻研 3 个样本游戏。"

初期的这些样本游戏收效甚微，但一位年轻设计师的加入迅速扭转了局势。这位设计师就是当时加入公司不久的青山直彦。在制作样本游戏的过程中，他灵机一动绘制了纸片马力欧的草稿概念图并提交了上去。不久后，青山直彦就收到了计划会议的邀请，并让他带上概念图参加。图中栩栩如生的 2D 人物和背景很容易让人联想到儿童立体书。

"虽然这种风格不是当时大家追随的主流，但可以在图片中感受到你对超级马力欧满满的情感。"中岛健之说。参与讨论的游戏制作人及"马力欧之父"宫本茂也认可了这个创作概念。这正是 Intelligent Systems 期待已久的时刻。青山直彦的草图上粗线外框、色彩明亮的人物就这样奠定了本作以及该系列后续游戏的艺术风格。

画风摇身一变的《纸片马力欧》在 1997 年的 Space World 展

会与大众见面，但日本以外的玩家体验到这款游戏已经是 4 年后的事了。而对欧洲和澳洲的粉丝来说，这是他们的第一部马力欧 RPG。此前的《超级马力欧 RPG》文本量巨大、本地化费用高昂，所以没能登陆日本及北美以外的市场。不过，《纸片马力欧》证明了玩家的等待是值得的。

《纸片马力欧》的故事要从酷霸王绑架桃花公主开始讲起（大家都听过这个故事，我们就不继续讲下去了），但其中诙谐幽默的段子无疑是马力欧在纸片蘑菇王国中冒险时最好的调剂。游戏本身也是对以往的马力欧游戏的诚挚致敬，甚至照顾到了所有成就马力欧游戏的小细节：那些缺乏关注但又不可或缺的次要角色和背景元素。游戏中陪同马力欧一起探险的栗宝宝、慢慢龟、炸弹兵和害羞幽灵也印证了这一点。

除了加入更多角色，《纸片马力欧》还新增了更多特殊招式以及强化勋章，并对《超级马 ▶

» 玩家等待了 4 年才终于玩到了 1997 年 Space World 展会上展示的《纸片马力欧》，而玩家的等待是值得的。

» 《纸片马力欧：千年之门》是一部杰出的续作，游戏充满了各种让人印象深刻的角色。时至今日，游戏看起来依然很不错。

189

# 《纸片马力欧》系列发展史

## " 《纸片马力欧》致敬了所有成就马力欧系列的小细节。"

▶ 力欧 RPG》的战斗系统进行了调整和完善。尽管《纸片马力欧》中依然保留了不少《超级马力欧 RPG》的痕迹，但游戏本身有其自己的风格。虽然游戏在 N64 平台的生命后期的几个月内推出，导致其销量受到主机销量下滑的影响，但游戏依然收获了突出的媒体好评，Intelligent Systems 也很快收到了为任天堂 GameCube 主机开发《纸片马力欧》续作的许可。

在 2003 年的游戏开发者大会（Game Developers Conference，简称 GDC）上，任天堂公布了《纸片马力欧》续作的名字：《纸片马力欧：千年之门》。在续作的制作上，Intelligent Systems 沿用了前作的创作班底，继续由川出亮太担任总监，力图延续前作的成功。由于《纸片马力欧》本身已经打下了非常不错的基础，所以 Intelligent Systems 就将续作的创作准则定为"进步而非变革"。跟随着这样的准则，团队最终打造出了一款承袭前作所有优点、任务类型更加丰富、人物角色更多样、更有记忆点的游戏。当然，游戏的对白量也相当之大。

文本量大这一点本身没什么好奇怪的，毕竟整个纸片系列的文本量都特别大，但大段的文本还是难免使玩家感到厌倦。尽管如此，这也凸显了纸片系列本地化工作的成功。相较于某些知名日本 RPG 糟糕的本地化质量，纸片系列能在这么多年的时间内保持一贯的诙谐幽默风格已经是一种奇迹了。

《纸片马力欧：千年之门》也是一部出挑的 JRPG。和初代《纸片马力欧》一样，游戏开篇的章节就有意识地调用了一些传统 RPG 要素：亟待执行的任务、处于危险中的村落、恶龙驻扎的城堡。《纸片马力欧：千年之门》先用马力欧玩家熟悉的场景和设定将玩家带入游戏之中，再出其不意地带给玩家惊喜。从黑帮电影、职业摔跤到《2001 太空漫游》（2001: A Space Odyssey）和《东方快车谋杀案》（Murder On the Orient Express）的各色主题在这些章节中轮番上阵，以及有堪称马力欧 RPG 最精彩关卡的"丧钟为猪而鸣"（For Pigs the Bell Tolls）。该关卡是马力欧系列游戏少数将故事场景设置在蘑菇王国外的关卡，这种设置也增进了场景探索的乐趣。《纸片马力欧：千年之门》保留了纸片系列一贯的自嘲式幽默，这离不开开发团队自成一派的创意和想象。

桃花公主和酷霸王在《纸片马力欧：千年之门》中也有属于各自的剧情内容。被困在月球上的桃花公主有一台陪她聊天的超级计算机，后者逐渐爱上了桃花公主。而酷霸王则要闯过一系列类似《超级马力欧兄弟》横版卷轴风的关卡，结果他辛▶

190

（下转第 193 页）

» 《纸片马力欧：千年之门》中的部分环节允许玩家操控桃花公主和坏蛋酷霸王。这也不失为调节游戏节奏的好方法。

» 《纸片马力欧：千年之门》中不乏惊艳的场景，它是 GameCube 中画面较为精致的游戏之一。赶紧上手试试吧。

**BOWSER**
**000000** ⓪ ×00

» 《纸片马力欧：千年之门》包含一些精彩的 boss 战。这些关卡的难度不小，做好准备再应战吧。

# 荣誉勋章

## 骄傲地佩戴上这些属性提升勋章吧

### 透视勋章 (Peekaboo)
没有同伴的扫描技能也可以使用该勋章查看敌人血量。这是非常有用的道具，特别是在对战 boss 的时候。

### 连续弹跳勋章 (Power Bounce)
强化马力欧传统踩踏技能的勋章，可以连续踩踏敌人直至没有按准键。

### 穿刺重压勋章 (Piercing Blow)
能穿透敌人防御的强力大锤，无视敌方护甲和护盾。

### 按键助手勋章 (Timing Tutor)
总是错过攻击按键时机？不用愁，按键助手勋章为你提供最及时的提示帮助。

### 撞击攻击勋章 (Bump Attack)
挥别懦弱，横扫敌军！戴上这枚勋章就可以撞飞那些等级较低的敌人，无须战斗。

### 最后防御勋章 (Last Stand)
可以在生命垂危之际拉你一把的勋章，让你受到的伤害减半，其效果可以与其他多枚勋章叠加。

### 三连用勋章 (Triple Dip)
消耗 6 点 FP 就可以一次性使用 3 样道具，是一枚效果超强的勋章。

### 驭电勋章 (Zap Tap)
对马力欧接触到的敌人造成伤害，且敌人无法吸取己方生命值。

### 伤害返还勋章 (Return Postage)
难以获取的勋章。佩戴它可以将受到的伤害的一半返还给敌方。

### 跳跃大师勋章 (Jumpman)
专注强化马力欧标志性的跳跃攻击技能，缺点是无法使用锤子。

### 龙卷风之跳勋章 (Tornado Jump)
飞行敌人有时候真的很让人头疼。戴上这枚勋章就可以把空中的敌人击落。

### 火焰锤勋章 (Fire Drive)
用炽热的火焰之锤把地面和低空的敌人都化为灰烬吧！

### 孤注一掷勋章 (All or Nothing)
将风险与回报比推向极致的勋章道具。精准按下按键可以强化攻击，但如果错过便不会造成任何伤害。

### 攻击音效 R 勋章 (Attack FX R)
这个新颖的勋章可以把马力欧的攻击音效变成……蟋蟀的叫声。这下所有的攻击都变了个味儿。

### 路易吉勋章 (L Emblem)
为想扮演路易吉的玩家而生。佩戴这枚勋章可以把马力欧的服装变成路易吉风格的蓝绿配色。

让我们开始吧……

» 《超级纸片马力欧》中有一些值得探索的场景，而且它们看起来很不错。

（上接第 190 页）

▶ 苦了好一阵却发现马力欧早就离开了。《纸片马力欧：千年之门》是纸片系列中内容最丰富、最有想象力、最棒的游戏，也有人说自此以后纸片系列就走上了下坡路。

如果说《纸片马力欧：千年之门》是整个纸片系列影响力最大、最具经典 RPG 风格的游戏，那么它的续作《超级纸片马力欧》就是纸片系列最奇特的游戏。川出亮太将第 3 部纸片系列作品的创作原则定为制作出一款与前两部作品有明显不同的游戏，致力于为玩家带来与《纸片马力欧：千年之门》，甚至是所有马力欧游戏都不同的体验。据川出亮太在 2007 年的采访中所说，他在看着车厢过道时灵感乍现，想到了将经典 2D《超级马力欧兄弟》关卡与全新视角结合的点子。制作人田边贤辅对川出亮太的想法表现出了极大的兴趣。《超级纸片马力欧》的维度转换概念初步成型。

《超级纸片马力欧》最初计划登陆 GameCube 平台，但原计划的 2006 年发售日期被默默延期到了 2007 年，最终改为登陆当时已经收获巨大成功的 Wii 平台。《超级纸片马力欧》一经发售就迅速获得了成功，川出亮太成功达成了自己的目标。纸片系列以往的回合制战斗、强化勋章都不见了，甚至在大部分情况下游戏的场景也变成了 2D 场景。《超级纸片马力欧》是一款含有精简 RPG 元素的 2D 平台跳跃游戏，与传统 2D 平台跳跃游戏不同的是玩家可以按 A 键切换为 3D 视角，查找更多敌人、路径和秘密。

《超级纸片马力欧》采取了比前两作更直接的战斗方式，不过其中的某些富有创意的 boss 设计也给玩家带来了一些难以忘怀的战斗经历。玩家还可以在不同 ▶

▶ 的环节中操控路易吉、桃花公主和酷霸王，他们各自不同的技能也为游戏增添了一些讨喜的多样性。尽管如此，后续的纸片系列作品却没有启用多个可玩角色的设定。

《超级纸片马力欧》虽然抛弃了许多纸片系列传统的 RPG 元素，在叙事方面也有一些违背玩家期待的操作，但总体上还是保留了该系列侧重叙事的特色。该作的故事围绕桃花公主和酷霸王不受祝福的婚礼展开（比《超级马力欧：奥德赛》领先整整 10 年）。衣冠楚楚但心地险恶的奴瓦尔伯爵为了达到摧毁所有维度的邪恶目的强行安排二人结婚。从马力欧逃脱巨型蜘蛛开办的强制性劳动集中营，到桃花公主使用约会模拟器和呆头呆脑的变色龙谈判，游戏各章节内容千奇百怪，即使按纸片系列的标准衡量也相当诡异。

抛开这些莫名其妙的剧情不谈，《超级纸片马力欧》一直是纸片系列中销量最好的游戏，虽说游戏超 400 万的销量和 Wii 主机本身较高的销量分不开关系。然而，好的销量并没有立刻转化为续作的创作动力。此后又过了 5 年，Intelligent Systems 才推出了下一部纸片系列游戏，将纸片系列以一种全新的样貌再次带回到大众视野中。

这一次，官方宣布纸片系列的回归之作《纸片马力欧：超级贴纸》（*Paper Mario: Sticker Star*）将首次登陆掌机平台。《纸片马力欧：超级贴纸》也圆满完成了其肩负的使命，游戏的画面风格让纸片系列完美地完成了向 3DS 掌机平台的过渡。但在游戏于 2012 年发售前，我们就可以明显感受到这又是一部彻底背离纸片系列传统的作品。

贴纸不出意外地

» 虽然《纸片马力欧：超级贴纸》的战斗系统还算不错，但游戏本身算是整个系列里比较差的作品了。

» 虽然《超级纸片马力欧》在难度上比不上前两作，但我们很喜欢它的平台跳跃设定。

成了《纸片马力欧：超级贴纸》的核心主题，制作团队更是顽固地将贴纸概念塞进了游戏的每个角落。战斗、升级、解谜、推进度、打 boss 都要求玩家收集或使用贴纸。为了给贴纸让路，制作团队甚至牺牲掉了许多纸片系列的经典元素。虽然《纸片马力欧：超级贴纸》将初代《纸片马力欧》和二代《纸片马力欧：千年之门》的回合制战斗系统再次带回纸片系列之中，但这些战斗同样建立在贴纸概念之上，玩家需要运用贴纸才能发动攻击或动用特殊招式。不仅如此，游戏还完全抛弃了那些贯穿前 3 部纸片游戏的 RPG 元素。更确切地说，《纸片马力欧：超级贴纸》已经变成了一部关卡短、难度大、对白多余、注重解谜的动作冒险游戏。

这些变化也从侧面反映出了开发公司 Intelligent Systems 内部的一些重大调整。青山直彦，那个在 20 世纪 90 年代灵机一动想到纸片概念并将其通过初代《纸片马力欧》带给大众的人回来了。虽然有青山直彦担任《纸片马力欧：超级贴纸》的总监，但团队内大约 90% 的成员都是第一次参与纸片系列的制作。田边贤辅和宫本茂在这部作品上的参与度也比以往更高，而宫本茂对制作团队提出了两点最重要的要求。一是要求团队只能在游戏中使用现有的马力欧系列角色。二是要求团队去掉那些不必要的故事情节。所以，即使面对着部分粉丝的反对，游戏的制作团队还是毅然决然地决定贯彻宫本茂的"设计为功能服务"设计宗旨，放弃了该系列主打剧情的特色。

这个设计宗旨一直贯穿在后续的纸片系列作品中。该系列最近的一部作品——Wii U 平台的《纸片马力欧：色彩喷涂》（*Paper Mario: Color Splash*）①，就是以涂鸦为核心概念展开的，其中的回合制战斗也将前作的贴纸道具替换成了涂色卡 ▶

---

①本书英语原版于 2018 年出版，《纸片马力欧：色彩喷涂》是截至当时的最新一部纸片系列作品。
——译者注

195

▶ 片。这其中有着一条明显的脉络。在接受游戏网站 Kotaku 的采访时，制作人田端里沙对创作方向的调整做出了进一步的解释："因为我们已经有了主打 RPG 的《马力欧与路易吉 RPG》系列，所以为了和这个系列做出区分，我们决定把《纸片马力欧》系列的重点放在非 RPG 元素上……具体而言，我们会把重点放在解谜和幽默感上。"

虽然系列创作重点的调整并不一定讨喜，但也情有可原。《纸片马力欧：色彩喷涂》的视觉效果也是不可否认的惊艳。油漆飞溅的效果以及纸板裁出的背景都凸显出《纸片马力欧：色彩喷涂》与前作相比更强调手工艺术风格的特点。游戏早期的"红色之路"（Ruddy Road）关卡中的一个场景更是壮观，在马力欧跑向屏幕逃跑时，背后的整个场景会从平整的纸板折成立体的背景。

这些场景无一例外地将纸片系列的魅力发挥到了极致。虽然某些调整免不了会招人嫌，但整个纸片系列在视觉上的创新和令人着迷的幽默感一直没有改变。尽管我们没人知道以后还会不会有初代《纸片马力欧》和《纸片马力欧：千年之门》风格的传统 RPG 纸片马力欧续作，但至少目前看来这个系列短期内还不至于一蹶不振。

诚然，除了游戏内那些精彩的瞬间，宫本茂以及 Intelligent Systems 多年来对纸片系列的打磨也值得尊敬。最初那个画风独特的角色扮演游戏经过撕裂和折叠变成了横跨多个游戏类别、平台、维度的作品。而谁又能说得准该系列续作又将以怎样的形式呈现在大众面前呢？

» 最新的一部纸片系列作品①让人失望，我们希望接下来的系列作品能继承系列早期的优点。

①本书英文原版于 2018 年出版，这里指《纸片马力欧：色彩喷涂》。——译者注

# 双重困扰

## 《纸片马力欧》系列之外的另一个马力欧RPG衍生系列

### 《马力欧与路易吉 RPG》（*Mario & Luigi: Superstar Saga*）

《马力欧与路易吉 RPG》不仅给了马力欧兄弟同等的表现机会，也为 AlphaDream 打造后续的系列作品定下了基调：创意横生的平台跳跃关卡以及强调时机操作的回合制战斗系统。以咯咯莫纳和咯咯柯比茨为代表，《马力欧与路易吉 RPG》还包含一些放在所有马力欧 RPG 中都会相当出色的反派角色。游戏的 3DS 重置版于 2017 年与玩家见面。

### 《马力欧与路易吉 RPG 2》（*Mario & Luigi: Partners In Time*）

在《马力欧与路易吉 RPG 2》中，马力欧两兄弟与缩小版的自己共同展开冒险。作为 NDS 早期的游戏，《马力欧与路易吉 RPG 2》充分利用了该掌机的主要性能，将两对角色分别置于游戏机的上屏和下屏显示，而 boss 则可以横跨两个屏幕发动攻击。

### 《马力欧与路易吉 RPG 3》（*Mario & Luigi: Bowser's Inside Story*）

《马力欧与路易吉 RPG 3》在电影《神奇旅程》（*Fantastic Voyage*）的冒险中加入了任天堂特色，把马力欧两兄弟送进了酷霸王的肚子里，他们需要完成其中的 2D 冒险才能帮助酷霸王完成外在世界的冒险。两个世界在游戏中交替出现，玩家也可以操控酷霸王战斗，不过酷霸王把敌人吸到肚子里之后就要靠马力欧兄弟来善后了。

### 《马力欧与路易吉 RPG 4》（*Mario & Luigi: Dream Team Bros*）

《马力欧与路易吉 RPG 4》是该系列的 3DS 首秀，而路易吉也终于在 10 年的冒险后第一次获得了主角待遇。除了常规的俯视图游戏画面，游戏还有以路易吉的梦境为场景的 2D 关卡，以及以梦幻的路易吉特技（Luiginary Works）为核心设计的触摸屏解谜游戏。

### 《马力欧与路易吉 RPG 5》（*Mario & Luigi: Paper Jam Bros*）

最后的这部《马力欧与路易吉 RPG 5》见证了任天堂两大 RPG 系列的碰撞，并且在保有《马力欧与路易吉 RPG》系列传统风格的同时，融合了《纸片马力欧》系列标志性的视觉效果和战斗系统元素。此外，酷霸王和桃花公主碰见纸片版的自己的场景也非常有喜剧效果。

感谢马力欧维基百科提供图片

» 马力欧畅游太空，穿梭于一系列小行星之间。

# 超级马力欧银河

## 信息栏

» 游戏版本：Wii
» 发售时间：2007 年
» 发行公司：任天堂
» 开发团队：任天堂情报开发本部东京制作部
» 关键人物：小泉欢晃（总监）、宫本茂（制作人）、清水隆雄（制作人）

## 深度挖掘

» 《超级马力欧银河》取代《塞尔达传说：时光之笛》成为 GameRankings 游戏评测网站评分最高的游戏。
» 《超级马力欧银河》曾考虑使用拉美风配乐，但马力欧系列御用作曲家近藤浩治否定了这个方案，选择了管弦乐配乐。

**马力欧的冒险总是那么奇异超群，《超级马力欧 64》就是一个典型的例子，不过这位水管工的Wii平台首秀则是世间绝无仅有的。尼克·索普带你回顾全宇宙最好的平台动作游戏之一……**

## 背景

对某些玩家来说，《超级马力欧阳光》是一部让人失望的作品，创作过于保守，直接借用前作的大部分设计精华，围绕马力欧的新道具水泵调整调整就大功告成了。然而事情并非如此简单，《超级马力欧阳光》之前的《超级马力欧 64》是一部为平台跳跃游戏和 3D 游戏设计带来划时代影响的游戏，可能一个世代都很难见到这样一部作品，要从这样的游戏手里接棒绝非易事。如果想续写《超级马力欧 64》的成功就必须另辟蹊径，为玩家带来不同于以往的游戏体验。

负责制作下一代马力欧游戏的任天堂情报开发

» 虽然 Wii 略逊于其他机型，但制作团队充分利用其性能，最终成就了画面极佳的《超级马力欧银河》。

» 包括冰冻马力欧在内的新能力让大胡子水管工能够实现更多操作。

» 马力欧可以利用星尘射击那些拳脚攻击范围以外的敌人，并击晕或击败它们。

本部东京制作部（Nintendo EAD Tokyo）才刚成立不久，此前也仅制作过一部叫作《森喜刚丛林节拍》（Donkey Kong Jungle Beat）的游戏，但这部游戏已经展现了团队在广泛探索的游戏领域推陈出新的能力。这部靠敲击手鼓外设操作的 2D 跳跃游戏不仅创意满分，还能让玩家按照自己喜欢的节奏组合来操作，以获得游戏乐趣。此外，游戏总监小泉欢晃此时已经有了为马力欧 3D 游戏添砖加瓦的好点子。在他为 GameCube 制作的性能演示游戏《超级马力欧 128》中就有一个充分利用 3D 空间创造的球体"平台"。在宫本茂的建议下，小泉欢晃团队将这个概念运用到了马力欧 Wii 平台首部游戏的创作中。

### 游戏本身

在《超级马力欧银河》中，桃花公主毫不意外地又被绑架了，而马力欧被巫师卡美克施咒送去了太空，来到了神秘女子罗莎塔的"长尾星天文台"飞船上。只有找回所有的星星才能启动飞船，打败酷霸王。

在具体的游戏玩法上，这种设定也意味着马力欧需要完成在 3D 平台跳跃中收集 120 颗星星的新挑战。收集星星的挑战对玩家来说已经非常熟悉了。在前作 ▶

# 注意事项

## 双星传奇

尽管只需要收集 60 颗星星就可以打通整个游戏，但狂热玩家们是绝不会放过任何一颗星星的。集齐 120 颗星星就可以解锁并操控路易吉，利用他不同于马力欧的跑动和跳跃能力再重新体验一遍游戏。

## 卡美克的复仇

《超级马力欧银河》见证了巫师卡美克的初次登场，而且他在游戏中的戏份还不少，也产生了不小的影响，卡美克自此成了马力欧系列的常驻角色。

## 2D 还是非 2D？

在《新超级马力欧兄弟》大获成功后，《超级马力欧银河》也受到启发设置了可以切换为类 2D 风格的平台跳跃桥段。这点与《蛊惑狼》也挺像的。

## 星际线

害怕迷失在星际旅途之中？留意行星之间的线条，它们标记着你已经走过的路。

## 坑坑洼洼

重力不会把你从深渊里拉出来。掉入行星坑洞后会被吸入其中心的黑洞，而不会从行星另一边跑出来。

▶ 中，玩家需要寻找隐藏区域，击败 boss，收集物品才能获得星星。然而这次的外太空场景将探索区域带到了宇宙之中，马力欧大部分时间都在重力各不相同的小行星上待着。这也是马力欧有史以来第一次可以在"平台"的所有侧面移动，探索下方以及其他一些看不见的区域。而这些球体"平台"在游戏中的展现方式也各有不同：有的采用包围结构，为 boss 战提供竞技场地；有的采用圆柱形结构，为马力欧带来 2D 平台跳跃挑战；有的则作为大型场景的一部分存在。游戏还不遗余力地鼓励玩家利用连接各个小行星的拉力茧（Star Sling）穿梭其间，挑战每个星球上的特色关卡，以及在致敬《超级马力欧 64》和《超级马力欧阳光》的更大型、更有沉浸感的场景中探索，并以此改变了 3D 马力欧游戏的结构。

　　这些都得益于《超级马力欧银河》对原有操控系统极大程度的保留。游戏最主要的操控改动也只是加入了马力欧的旋转攻击动作，晃动 Wii Remote 就可以完成。这么做看上去或许有些奇怪，毕竟 Wii 的卖点是体感操控。《超级马力欧银河》也有结合自身特色的体感操控使用场景，比如在马力欧骑魔鬼鱼进行追逐时，利用

## " 小行星的设置用一种清新脱俗的方式，使马力欧的冒险多了一点连贯性。"

Wii Remote 调整魔鬼鱼的前进方向，或者像推操纵杆一样握住 Wii Remote 让马力欧在球体上保持平衡。不过这些操作在游戏中出现的次数比较有限，大部分的操作依旧依靠 Wii Remote 和 Wii Nunchuk 外设的传统使用方式完成。

《超级马力欧银河》不仅在关卡设计上力求创新，还为马力欧增添了新的技能，帮助他应对冒险中的挑战：冰冻马力欧可以滑过水面；幽灵马力欧可以穿过墙壁或者从墙上飘过去；弹簧马力欧拥有惊人的跳跃能力；蜜蜂马力欧具有有限的飞行能力，还可以攀爬有黏性的表面。在为奇思妙想的关卡设计以及经典问题的新颖解法而感到惊喜的同时，这些马力欧的新能力也可以让玩家以传统的马力欧式方法战胜挑战。

### 被列为未来经典游戏的理由

《超级马力欧银河》是一部仅凭一己之力就足以支撑玩家购买 Wii 的游戏。游戏华丽的视觉效果和令人惊叹的音效完美地展现了顶尖开发团队对游戏主机性能的把控，但它的意义不止于此。Wii 常因平台上各种玩弄噱头但没有真本事的游戏而受到诟病，但《超级马力欧银河》通过恰到好处的设计纠正了这个观念，向那些哪怕最顽固不化的人证明了即使不重度依赖体感操控依旧可以做出好游戏。

仅改变跳跃平台的类型貌似并没有为任天堂既成的游戏设计带来什么变化，但事实并非如此。在经历过《超级马力欧 64》和《超级马力欧阳光》里的大型开放空间关卡后，《超级马力欧银河》里的小行星就显得非常清新脱俗，并且使马力欧的冒险多了一点连贯性。通过限制玩家的活动空间，任天堂让那些搞笑的敌人再次变得危险起来。而新的关卡设计也会推动玩家思考新的通关方式。玩家可能会考虑探索"平台"下面来进行通关，而这样的思考在前作中是绝对不可能存在的。没有几部游戏能够启发玩家进行不同的思考，单凭这一点就足以让《超级马力欧银河》与《传送门》（Portal）这样的游戏共同位于未来经典游戏之列。★

» 大型星球被大气环绕着，使场景空白处不至于看起来太单调。

» 《超级马力欧银河》奇特的重力系统使某些扭曲的建筑结构成为可能。

SUPER MARIO SUNSHINE
超级马力欧阳光

SUPER MARIO SUNSHINE

超级马力欧阳光

通过《超级马力欧 64》定义了3D游戏后，任天堂摊上了一个不怎么令人羡慕的任务：为《超级马力欧 64》打造一部水平相当的续作。尼克·索普对话小泉欢晃，看看任天堂如何打造出这样一款阳光满满的续作……

可怜的汪汪快热得不行了，还好有马力欧用水泵给它降温。是不是很不错？

"我们觉得把游戏场景设置在蘑菇王国外会带来一些用得着的新点子。"——小泉欢晃

　　有时候，不管你有多崇拜任天堂，你都不想在那儿工作。过去的辉煌成就使外界对任天堂所做的一切都充满了巨大的期待。拿马力欧系列来说，将《超级马力欧兄弟 3》这样的作品带给玩家后，任天堂就得为 SNES 打造一款对得起这个系列名气的次世代续作，于是它用《超级马力欧世界》交出了答卷，然后就又进入了相同的困境，而这一次它又用《超级马力欧 64》满足了玩家的期待。实际上，《超级马力欧 64》比《超级马力欧世界》更让人惊艳，因为前者是任天堂第一次制作 3D 游戏，花的心思更多。所以，当 GameCube 走向市场时，任天堂再一次来到了熟悉的窘境之中。

　　怎样才能超越这样一部改变整个行业的作品呢？《超级马力欧 64》的惊艳源于 3D 场景以及马力欧和场景之间的互动方式。任天堂情报开发本部必须从这两个方面寻找突破口，而他们选择先从场景入手。"我想创造出值得探索的大型关卡。"《超级马力欧阳光》的总监小泉欢晃说，"在《超级马力欧 64》之后，我又参与了《塞尔达传说》系列的制作，所以我想把从《塞尔达传说》那边学到的 3D 游戏设计经验运用到马力欧游戏的制作中。"

　　这样的理念意味着要采用不同的方式设计关卡，甚至要舍弃一些马力欧系列的传统设计。"在思考怎样的关卡能吸引玩家探索时，我们觉得把游戏场景设置在蘑菇王国外，就像我们常做的那样，

**203**

» 你可以利用水泵的翱翔喷嘴从高处清理地面，小心别掉下去就行！

» 从远处的背景中可以看到小岛的其他区域，比如图中的皮纳公园和里科港。

▶ 会带来一些用得着的新点子。"小泉欢晃解释说，"我们的另一个目标是打造一个无缝衔接的空间，通过地形把各个关卡连在一起。"这明显是《塞尔达传说》带来的影响。相较于《超级马力欧64》用一个中心（即桃花公主的城堡）将抽象的关卡松散地串联在一起，《塞尔达传说》的3D场景串联得更加紧密，感觉就像在同一个世界里。"我选择使用热带小岛作为场景，让它看起来丰富多彩，令人向往。"小泉欢晃说，"我希望游戏能带给玩家度假观光的感觉。"

于是，德尔皮克岛（Delfino Island）就这样诞生了。这个马力欧系列的新场景因形似海豚得名，并且致敬了GameCube的开发代号"海豚"。平台动作类游戏的常用套路在这里不适用了，一切都必须严格扣题，换句话说，热带小岛上可容不下冰雪世界。德尔皮克岛上的所有地点都是围绕度假村中常见的事物设计的，比如像游乐场、海滩这样的景点，还有村落、旅馆、海港这样的功能性场景。同样，在德尔皮克岛上你不会看到多少蘑菇王国的居民，与马力欧互动的也是棕榈树长相的蒙特族和身穿贝壳的诺基族这样的小岛原住民。

德尔皮克岛是个风景优美的游戏场景，但为它确定游戏类型却费了不少功夫。事实上，尽管用平台动作游戏接棒《超级马力欧64》是个很符合逻辑的思路，但依据小泉欢晃的回忆，团队最初反而并没有考虑这个创作方向。"我们在设计游戏雏形时考虑的是灾后重建类的游戏主题。在经历了一系列不同的尝试之后，我们才改变方向转而设计平台动作类游戏。"小泉欢晃说，"添加符合场景设定的新元素（比如人类）给我们带来了一些挑战。"

什么？马力欧游戏里有"人类"？是的，关于这一点你可以在游戏中得到印证。《超级马力欧阳光》在2001年的Space World展会上首次亮相时，游戏预告片的背景里就有一个小女孩。游戏称还会加入一种叫"太阳币"（Sol Coin）的新型可消耗货币，不像蘑菇王国的货币那样花不出去。至于太阳币可以购买什么东西就得到游戏光盘的未使用数据中找了。这些数据中包含了一个需要马力欧购买车票才能使用的火车系统。这个系统没有出现在最终的游戏里，因为在最终版本里马力欧已经可以靠《超级马力欧64》里的那种跳关点进行移动了。

» 抽象背景加漂浮平台？是的，也就只有隐藏关卡有这种设置了，而且这里的难度也不小。

» 马力欧的行动并不完全依赖水泵。他依然可以跳跃、滑行、踩踏地面。

事实上，第一版预告片研究起来很有意思，因为里面展示的大部分内容都没体现在最后的游戏里。小岛的场景设定、马力欧的招式、环境污染主题多少还算与实际产品相符，但预告片里展示的地图和敌人都没在最终的游戏里见到。当时有报道称宫本茂曾反对在2001年的Space World展会上展示《超级马力欧阳光》，几经劝说才最终妥协。但除了预告片中那些显眼的东西之外，还有一个让人无法忽视但又无法理解的东西。马力欧身上背着一个奇怪的背包形设备，但任天堂却对这个引人注目的设备表现得极为神秘。媒体将这个设备形容为喷气背包，或许他们自己也想不到这个说法其实已经非常接近真相了。现在看来，视频里出现的这个设备恰好证明在那个时间点上，一些创作初期的想法已经为一些非常接近最终设计的东西让路了。

（下转第207页）

SUPER MARIO SUNSHINE
超级马力欧阳光

清理敌人吐出的脏东西的设计来源于游戏创作初期的某个创意。

# 最闪耀的光芒

《超级马力欧阳光》中一共有120颗太阳，
以下是最难忘的5颗太阳……

### 逃跑的鱿鱿老大
里科港（Ricco Harbour）

■ 游戏早期的一段难忘的boss战。我们这位满肚子墨汁的朋友把到处都弄得脏兮兮的，又得要马力欧来收拾。清理完墨汁后，一根一根地拔下鱿鱿老大（Gooper Blooper）的触腕（真残忍！），然后再拽它的嘴就能战胜它了。

### 帮鳗鱼老大看牙
里科港（Ricco Harbour）

■ 鳗鱼老大（Eely-Mouth）的牙齿受到了严重污染，需要马力欧用高压水枪来好好清洁一番（马力欧又当起牙医了）。怎么操作呢？首先，潜入诺基湾（Noki Bay）的污染水域中。然后，使用翻翔喷嘴向下喷水。小心别呛水……

### 秘密弹球盘
德尔皮克广场（Delfino Plaza）

■ 德尔皮克广场上有一艘船，它会穿过一座桥然后驶向广阔的海洋。乘船在路过桥底时起跳就可以进入图中的这个巨型弹球盘，而马力欧也变成了球盘上的一个球。指引这位小红帽水管工集齐这里的8枚红硬币吧！

> "我们在设计游戏雏形时考虑的是灾后重建类的游戏主题。"——小泉欢晃

（上接第 205 页）

▶ 马力欧这个神秘的新道具就是水泵，英文名叫"F.L.U.D.D."。根据设备发明者哎哟·喂博士（Professor E Gadd）所说，"F.L.U.D.D."是"the Flash Liquidiser Ultra Dousing Device"（光速液化超级毁灭装置）的缩写。该装置可以迅速吸水和喷水，是既可用于防身也可用于进攻的多用途武器。"我们觉得把玩水定为游戏主题会让这个热带世界更有趣。"小泉欢晃回忆说。这也的确是个英明的决定。不仅马力欧多了一个全家老少都能接受的武器，而且热带小岛的设定也便于制作团 ▶

### 村落地府的秘密
蒙特村（Pianta Village）

■这个任务会向玩家揭示蒙特村不为人知的另一面。玩家需要和耀西一起进入村落地底找到隐藏关卡的入口。冒牌马力欧会在玩家进入关卡时偷走水泵，所以玩家只能依靠强壮的蒙特在平台间跳跃。

### 沙鸟诞生
冰激凌海滩（Gelato Beach）

■你没听说过沙鸟吗？大家都知道这只鸟。冰激凌海滩上的塔里有一颗蛋，只要进入这颗裂开的蛋里就会来到这只巨型沙鸟身上。在这里玩家需要收集到 8 枚红硬币，同时还要小心别从鸟身上掉下去。说时容易做时难，因为这只鸟时不时就会来个 90° 大旋转

**207**

SUPER MARIO SUNSHINE
超级马力欧阳光

▶ 队在设计关卡时加入水源。

"在早期的某个版本中,玩家要找的不是'太阳之力',游戏的故事也不是现在的版本,而是设置在一个不断被敌人污染的小岛上。"小泉欢晃向我们透露说,"玩家要利用水泵清除污染并击败 boss,也就是造成污染的人。"

在预告片中也能看到这些设定:视频里明显能看到到处污染环境的敌人,而且还有一个把守着地盘的巨型敌人。尽管这些内容听上去很熟悉,但也只有一部分被保留到了最终的游戏中。"其中的部分内容被保留了下来,玩家用水泵清理涂鸦来打败敌人或者救人。"小泉欢晃说,"我们最终决定转向你现在看到的这种平台动作类主题。在做这个决定的时候,我们把水泵的功能削减到了 4 个。"

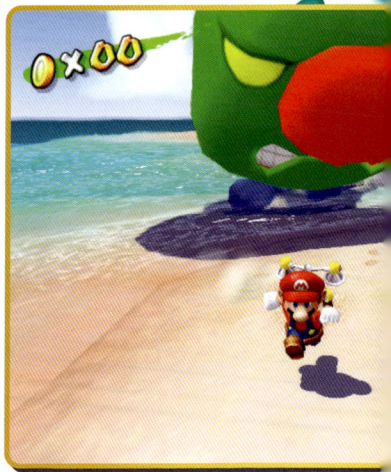

» 《超级马力欧阳光》里的某些敌人体型庞大骇人。比如图中这只大花毛毛!

考虑到水泵在《超级马力欧阳光》中扮演的重要角色,削减其功能不失为一个好主意。事实上,虽然这么说有点奇怪,但把水泵说成《超级马力欧阳光》的主角也不为过。游戏中的许多目标都要靠 ▶

(下转第 211 页)

» GameCube 的性能得以让玩家将风景优美的德尔皮克广场尽收眼底。

"所有的关卡除了主线任务外还有支线任务。"
——小泉欢晃

# 水利清洁天堂

没有水泵的《超级马力欧阳光》就不是《超级马力欧阳光》了。
让我们一起来了解一下这个多功能装置为马力欧增添了哪些新招式吧。

## 喷射喷嘴（Squirt Nozzle）

■用途广泛的标准喷嘴。玩家可以用它来清理涂鸦、灭火、为水泵加水。按Ｙ键将视角拉到马力欧背后，可以更精确地瞄准敌人进行攻击。

## 翱翔喷嘴（Hover Nozzle）

■虽然玩家可以利用这个双口喷嘴在空中发动攻击，但翱翔喷嘴最常见的用法还是让马力欧在跳跃后保持在空中。用这个喷嘴清理涂鸦的时候要小心，启动喷嘴前先向后拉一下，否则可能会溅自己一身。

## 火箭喷嘴（Rocket Nozzle）

■如果三段跳、旋转跳、踢墙跳都没办法到达理想高度，不妨试试火箭喷嘴。利用水压把马力欧送上高空，让他轻松越过高楼。但火箭喷嘴也有缺陷——无法在马力欧游泳的时候使用。

## 涡轮增压喷嘴（Turbo Nozzle）

■利用水泵的高压水箱向后喷水，推动马力欧更快奔跑或者在水面上移动，就像把灭火器绑在轮椅上的效果一样。涡轮增压喷嘴的效果持久，会让马力欧有些难以操控，不过它至少可以给老对手索尼克一点颜色看看。

（上接第 208 页）

▶ 水泵清理涂鸦和污染来完成，而马力欧新增的 4 个招式也需要借助水泵才能完成，水泵甚至像其他角色一样拥有自己的镜头和戏份。说到这儿还得要感谢哎哟·喂博士让这个人工智能水泵可以开口说话。但水泵这个道具也并非没有问题。

"从《超级马力欧 64》开始，3D 平台跳跃游戏的平台跳跃难度就是一个问题。水泵能缓解这个问题，玩家可以用它向下喷水缓慢下降，就像在低重力环境中一样。"小泉欢晃说，"我们为水泵设置了一个水量上限，所以放置水源花了我们好多功夫！"制作团队在水源的放置问题上处理得很讨巧，玩家可以在游戏中看到喷泉、水坑，▶

"我们在支线场景中去掉了水泵来为游戏的难度增添一些多样性。"——小泉欢晃

* 如此优秀的镜面效果在当今的游戏中都难得一见，更别说 2002 年了。

▶ 甚至室内游泳池。但即便这样也有水不够用的时候，所以游戏会在玩家击败敌人后奖励玩家一瓶水。这个方案或许不够优雅，却是设计方案框架内不得已的选择。

　　幸运的是，关卡设计是任天堂的强项。GameCube 最大的硬件优势是可以渲染更大、更复杂的游戏世界，小泉欢晃团队也十分享受这方面的制作过程。"有了更大的关卡空间之后，我们就可以设置便于玩家移动的跳跃平台作为捷径，也可以在关卡中给玩家更多自由选择探索路径的空间。比如，玩家可以在建筑物的房顶上跑动等。"小泉欢晃说。这里提到了《超级马力欧 64》带给玩家的基本快乐之一，那就是探索各种奇怪地点的乐趣。比如，《超级马力欧 64》中桃花公主城堡的顶部就有一个秘密区域，发现这个秘密区域的玩家会在游戏中获得奖励，这也是任天堂对其探索精神的奖励。同样，在《超级马力欧阳光》中，任天堂依然鼓励玩家探索场景中的各个角落，甚至是连接各个关卡的中心区域德尔皮克广场。除了广场地面上的通道外，还有其他值得玩家挖掘的东西，比如，广场的某个建筑上就有一个可以通往赛丽娜海滩（Sirena Beach）的跳关水管。

　　不过，更大的游戏世界也就意味着玩家可能会迷失在其中，而制作团队也充分意识到了这个问题。"在设计开放关卡时，必须得让玩家能够辨别出自身在关卡中所处的位置，否则他们会很容易迷路。"小泉欢晃对我们说，"在《超级马力欧阳光》里，我们在所有关卡中都设置了巨大的地标，让玩家可以利用它们辨别方向。"解决了迷路的问题之后，制作团队就有精力为这些大型场景添加有趣的任务了。"我们决定利用空间优势设置多重挑战。"小泉欢晃继续说，"所有的关卡除了主线任务外还有支线任务。当然，我们也在其中加入了包括蓝硬币在内的可收集物品。"

　　相较于《超级马力欧 64》，《超级马力欧阳光》中的确添加了更多的支线任务——赛丽娜海滩上有一整个可以探索的酒店内部场景，而且游戏中还有许多独有的新增内容，比如冰激凌海滩上的隐藏着沙鸟的塔。《超级马力欧阳光》中最大、最明显的新增支线内容要数隐藏关卡。与主线关卡不同的是，这些隐藏关卡都是画风抽象的纯平台跳跃类关卡。主线关卡的场景都是符合热带小岛设定的地点，而隐藏关卡则由奇怪的抽象背景和漂浮在空中的平台组成。不过隐藏关卡最有意思的是玩家无法在其中使用水泵。"我们在支线场景中去掉了水泵，因为我们想为游戏的难度增添一些多样性。"小泉欢晃回忆说，"水泵可以帮助玩家做跳跃缓冲。换句话说，去掉水泵就可以增加跳跃的难度！"正如小泉欢晃所说，《超级马力欧阳光》中难度最大的关卡都没有水泵。

由于水泵太抢风头了，所以在讨论《超级马力欧阳光》时人们常常会忽略掉一位在游戏中回归的老朋友——耀西。此时的耀西已经靠《耀西岛》和《耀西故事》等游戏在马力欧系列外打响了名声。"虽然耀西在《超级马力欧 64》中作为配角出现过，但玩家无法操作耀西，所以我们想让玩家在《超级马力欧阳光》中可以骑着耀西进行一些操作。"小泉欢晃说。这是耀西在《超级马力欧世界》中首次登场后第一次重操旧业，再次作为马力欧的坐骑出场。不过《超级马力欧阳光》中的耀西看起来与平时稍有不同。小泉欢晃向我们解释了其中的原因："严格说来，游戏里的耀西其实是涂鸦，不是真正的耀西！"

和之前一样，这次耀西也是从恐龙蛋里孵化出来的，但这次它只对关卡中散落的各种水果感兴趣。只要用它喜欢的水果把它引出来，它就会像之前那样忠心耿耿地陪伴着玩家战斗。它会在玩家起跳时拼尽全力为玩家争取二段跳的时间，它会用自己那根超长的舌头卷起敌人吞到嘴里，它会像在《超级马力欧世界》中一样为背景音乐增添美妙的鼓点。但这个涂鸦耀西不喜欢水，因为它沾水就会溶解，不过它可以从嘴巴里喷出果汁来，这也算是一个奇怪又黏腻的反转了。但是《超级马力欧阳光》没有给玩家特别多操纵耀西的机会，它只在必要的场合出现，不像在《超级马力欧世界》之类的游戏中那么频繁出场。

外界对《超级马力欧阳光》也抱有明显的期待，媒体自然也在这部接棒《超级马力欧 64》的游戏上费了不少笔墨进行报道。然而《超级马力欧阳光》与《超级马力欧 64》并不相同，它的大胆创新表现在不同的地方。《超级马力欧 64》要为所有 3D 平台动作游戏打造一个可以效法的模板，而《超级马力欧阳光》则要在已有的辉煌基础上寻求突破，而且要尽可能避免落入俗套。从结构上看，《超级马力欧阳光》与《超级马力欧 64》十分相像，并在此基础上加入了一些混杂且有实验性的创新元素来保持玩家的新鲜感。简而言之，《超级马力欧阳光》是一部带来进步而非变革的游戏，这也让游戏在今天依然保持着良好的口碑。

不出所料，《超级马力欧阳光》于 2002 年 7 月在日本一经发售就收获了媒体的一致好评。游戏的本地化版本也在接下来的几个月陆续发售，同样获得了很好的口碑。即使现在《超级马力欧阳光》在各大游戏评测媒体上的平均分是 92 分。这是一个值得任何一个游戏开发者自豪的成绩。NGC 的杰兰特·埃文斯 (Geraint Evans) 为游戏打出了 96 分，▶

▶ 称其满足了玩家所有的想象; IGN 给出了 9.4/10, 评价其为 GameCube 上最好的单人游戏。就连历来小气的 *Edge* 杂志也在指出游戏不如《超级马力欧 64》的同时给游戏打出了 9/10 的高分,称游戏为"有史以来第二棒的平台动作游戏"。

然而, 在铺天盖地的好评声中也有一些媒体略显失望。Gamespot 应该是其中最不讳言的, 该网站的杰夫·格斯特曼 (Jeff Gerstmann) 为游戏打出了 8/10 的评分, 并指出了游戏的一些问题。"就游戏本身而言,《超级马力欧阳光》是一部画风独特且为玩家带来许多难忘时刻的好游戏, 然而游戏也有不少缺点。"他评论说, "虽然有玩家可以忽略甚至接受《超级马力欧阳光》与《超级马力欧 64》的相似性, 但也有玩家认为《超级马力欧阳光》缺乏创新。游戏中的技术问题以及花里胡哨的

# 让我们奥德赛一下吧

## 《超级马力欧阳光》对任天堂最新力作[1]造成了怎样的影响

《超级马力欧阳光》发售时看起来确实有些奇怪。游戏更为写实的现代场景严重背离了马力欧系列的风格。同样奇怪的还有马力欧用来清理德尔皮克岛的水泵, 这个道具完全改变了马力欧与环境互动的方式。

又过了 15 年左右, 我们见到了《超级马力欧: 奥德赛》, 它是《超级马力欧阳光》后第一部拥有开放 3D 场景且靠完成任务推进游戏的作品。虽然《超级马力欧: 奥德赛》里没有水泵的身影, 但玩家可以看到冰雪场景关卡的回归, 所以说《超级马力欧: 奥德赛》致敬了《超级马力欧阳光》的许多元素也没错。《超级马力欧: 奥德赛》不仅包含许多奇思妙想的虚构场景, 还包含了纽敦市这样贴近玩家生活的真实场景, 就像任天堂曾在《超级马力欧阳光》中做的一样, 而且这次任天堂还在场景中加入了真人形象。此外, 马力欧还将"戴"上一位新伙伴踏上冒险旅程, 而这位伙伴也大幅改变了马力欧与周围场景的互动方式。

当谈论到两部游戏的相似之处时, 小泉欢晃透露马力欧的新道具其实是机缘巧合之下的产物。"虽然马力欧在之前的冒险中也有过像水泵和琪琪这样的同伴, 但这并不是我们在创作'凯皮'时的出发点。"他说, "就像《超级马力欧阳光》里可以清除涂鸦和攻击敌人的水泵一样,《超级马力欧: 奥德赛》里的凯皮也是在设计游戏的过程中产生的。在赋予了它人物性格之后才有了现在的凯皮。

与水泵类似, 凯皮也是一位可以帮助玩家完成各种操作的多才多艺的伙伴。"凯皮在《超级马力欧: 奥德赛》中扮演着重要的角色。马力欧可以扔帽造成破坏, 也可以扔帽当作踏板跳得更远。"小泉欢晃说,

---

① 本书英文原版于 2018 年出版, 这里指《超级马力欧: 奥德赛》。——译者注

设计让人难以忽视,这两点让游戏在某些地方看起来异常粗糙,甚至有点仓促应付。"他引用自己关于水泵和蹩脚镜头的评论总结道。

评论中说的这些问题确实存在。《超级马力欧阳光》的镜头经常出问题卡在墙里,不仅把马力欧显示成黑色的剪影,还把他身边所有的东西也都显示成了问号。而没能在后续作品中回归的水泵大概也可以被判定为噱头了。如果这些问题让游戏看起来有赶工嫌疑,那格斯特曼的评价兴许也没许。毕竟,在 2001 年的 Space World 展会上公布与成品大相径庭的早期版本后,仅一年时间,任天堂就推出了最终的游戏。另外很明显的一点就是,游戏的 120 颗太阳中有三分之一都在游戏核心区德尔皮克广场上,比马力欧探索的任何一条其他主线都要多。不过玩家并不怎么在意这些问题。《超级马力欧阳光》在发售的时候就已经以 550 万份的销量遥遥领先其他游戏成为 GameCube 最佳作品了。虽然销量比此前的马力欧主线系列游戏少(事实上只有《超级马力欧 64》销量的一半),但《超级马力欧阳光》也轻松地迈过了 200 万份销量大关,这对一个非主机绑定销售游戏和一个非主机护航游戏来说已经是非常了不起的成绩了。

在回顾《超级马力欧阳光》最让他个人自豪的成绩时,小泉欢晃说起了 ▶

(下转第 218 页)

"玩家还可以将帽子扔向关卡中的物体或敌人来控制它们。"只要轻轻抖动手腕,马力欧就可以把凯皮扔向其他生物并且控制它们。被"附身"的敌人会长出马力欧独有的红帽子和大胡子,玩家可以借此判断自己的操作是否成功。"我们总是想尽各种方法在 3D 马力欧平台跳跃游戏中为玩家提供更多可以使用的招式。"小泉欢晃继续说,"附身能力使玩家可以利用各种物体的能力,同时也为游戏增添了比以往还要多的招式。玩家会对各种敌人和物体附身效果产生想象,并创造出富有个性的游戏体验。"

和《超级马力欧阳光》一样,附身能力的加入也对关卡设计带来了影响。"《超级马力欧:奥德赛》的世界由大大小小的国家(即关卡)组成。"小泉欢晃说,"允许玩家附身高速移动角色的关卡都很开阔,而允许玩家附身纵向移动角色的关卡则有地形高度上的错落设置。"那么这些关卡和《超级马力欧阳光》中的关卡有什么不同呢?"二者之间没有直接的可比性。但《超级马力欧:奥德赛》里的国家比《超级马力欧阳光》中的场景更大也更多元。"小泉欢晃同时也表示《超级马力欧:奥德赛》允许玩家在关卡间自由移动,无须借助中心关卡进行中转:"游戏中没有德尔皮克广场这样的中转区域,每个国家都是故事的一部分。"

《超级马力欧:奥德赛》现已发售。不妨亲自上手看看它是否像传说中的那么好(玩过都说好)。

215

# SUPER MARIO SUNSHINE
## 超级马力欧阳光

# 观光指南

为了让你充分地享受度假生活，我们特意精选了
德尔皮克岛上最刺激的旅游项目，跟随指南开启旅程吧

**蒙特村（Pianta Village）**
■蒙特村是蒙特族人世世代代
生活的地方。蒙特族人生活在
树上，而疯狂的蘑菇长在地上。

**诺基湾（Noki Bay）**
■诺基族人的家园由陡峭的地
形和广阔的水域组成。不幸的
是，马力欧来了之后，这里的
海水就被污染了。

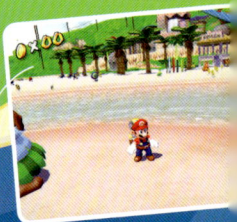

**冰激凌海滩（Gelato Beach）**
■位于德尔皮克岛南部的冰激凌海
滩是岛上最大的海滩，也是阳光爱
好者的天堂。小心海滩上的花毛毛
就行。

**赛丽娜海滩（Sirena Beach）**
■夜幕降临后，德尔皮克岛上
的观光客会来到海滩休息。赛
丽娜海滩以壮丽的落日和四星
级的德尔皮克酒店闻名。

**皮纳公园（Pinna Park）**
■皮纳公园位于德尔皮克岛
"尾部"的小岛上，是岛上
著名的游乐园，不仅有刺激
的云霄飞车，还有一只巨大
的钢铁酷霸王……

**德尔皮克机场（Delfino Airstrip）**

■这个小机场是旅客进出德尔皮克岛的地方。我们还以为能有个大一点的机场呢。或许岛上大部分旅客都是坐船来的？

**科罗纳山（Corona Mountain）**

■科罗纳山脚的温泉是岛上居民的心头爱，但图中的马力欧必须直面危险的岩浆才能通关。

**比安科山庄（Bianco Hills）**

■位于丘陵之上的比安科山庄是一个风景如画的居住区，山庄旁还有一个瑰丽的湖泊。山上的微风让山庄里著名的风车常年转动着。

**里科港（Ricco Harbour）**

■里科港是德尔皮克岛最大的港口，这里停满了船只，而且据说可以吃到新鲜捕捞的海产。

» 图中英文意为：大门已经开启……

**德尔皮克广场（Delfino Plaza）**

■德尔皮克广场是德尔皮克岛的经济中心，也是整个游戏的中心。这里有卖水果的蒙特族人，也有来往的货运轮船。

217

**SUPER MARIO SUNSHINE 超级马力欧阳光**

（上接第 215 页）

▶ GameCube 的视效。"GameCube 硬件的 3D 渲染性能是当时的顶尖水平，所以我觉得我们能做出真实度这么高的画面是很成功的一件事。"小泉欢晃回忆说，"我觉得我们经受住了考验，把游戏的画面真实度做得比大家期待的还要高。"实话实说，游戏的许多视效都相当惊艳——赛丽娜海滩的落日余晖，还有在远处就能看见的德尔皮克广场的热浪，后者真的让人有种置身热带小岛的感觉。不过最厉害的还是水的视效——温和的海浪反射着太阳的光芒，这应该是电子游戏中最有真实感的画面之一了，即使在今天看来也相当震撼。

　　回顾《超级马力欧阳光》，任天堂在开发这部游戏时处境艰难，要开发出一款顶得住《超级马力欧 64》光环的续作实属不易。《超级马力欧阳光》因其创新度不够而受到诟病，关于游戏制作的其他可能性也只能停留在想象中了。GameCube 发布时，其护航作品的选择就已经很令人惊讶了，相比使用马力欧平台动作游戏作为护航作品，GameCube 选择了《路易吉洋馆》（Luigi's Mansion）这部路易吉主演的吸尘器除鬼游戏。由此我们不难想象，如果当初制作团队推出一款马力欧主题的灾后重建游戏，而不是与《超级马力欧 64》接近的《超级马力欧阳光》，会引起玩家怎样的抵触情绪。如果《超级马力欧阳光》让某些玩家失望，那只可能是因为它是继《超级马力欧 64》后发售的游戏。虽然游戏的某些实验性内容的最终效果不如预期，但这些内容反而让游戏更加可爱，因为它们体现出任天堂在马力欧游戏创作上不断追求创新的理念。

　　不论如何，《超级马力欧阳光》都是一个优秀的游戏。游戏的高测评得分可以说明这一点，游戏的销售数字可以说明这一点，粉丝自制的重制版游戏可以说明这一点（此处也包含游戏的 NDS 版本），玩家的游戏体验也可以说明这一点——用沙丘推倒花毛毛和

»把害羞幽灵这样的系列常驻角色融入热带小岛场景中需要创意。

* 对空间的巧妙利用拓展了蒙特村的深度。图中的吊桥位于主要关卡下方。

抓住讨厌的冒牌马力欧的那种乐趣是电子游戏中少有的。而游戏的乐趣才是最重要的。《超级马力欧阳光》或许比不上《超级马力欧 64》，但定义一款好游戏的标准不是影响力，而是娱乐性。二十多年过去了，《超级马力欧阳光》带给玩家的乐趣依然不减当年。✳

* 像里科港这样更有现代工业风的场景为马力欧提供了更多攀爬机会。

# 超级马力欧
# Advance 3: 耀西岛

## 世上最好的带娃临时工

» Game Boy Advance » 2002年 » 任天堂

我总是对耀西毫无抵抗力。不是因为它是只长相可爱的恐龙，也不是因为它的名字在日语里是"好"的意思，甚至不是因为它长得出奇的像游戏界的传奇鳄鱼克拉鳄（Croc），而是因为《超级马力欧 Advance 3: 耀西岛》这个游戏本身。

我没有 SNES，所以也就错过了原版的《耀西岛》，但游戏出GBA 版的时候，我立马就入手了。不论是 SNES 版还是 GBA 版，游戏童话般的画风、妙趣横生的关卡、丰富多彩的挑战都让它成为这两个平台上最好玩的游戏之一。

在游戏影院级别的开场动画后，谁不是满脑子想象着耀西生活的世界呢？一个婴儿从天而降，我们这位英雄穿着闪闪发光的盔甲（事实上它只穿了一双鞋子）出现了。他愿意冒着生命危险把这位还在褓襁中的水管工送到他的兄弟身边。（没人不知道水管工的兄弟是谁吧？）光这一个故事就足以让你了解耀西了，真的。

如果没有耀西和它的一众耀西族亲友（11 岁的我得知耀西其实是一只名叫"耀西"的耀西时超级震惊）照顾年幼的马力欧，或许也就不会有现在这位阻止酷霸王暴行的人见人爱的红帽英雄了。所以你说，谁才是超级马力欧传奇故事里真正的英雄呢？ ✱

# 《新超级马力欧兄弟》

## 系列发展史

距离任天堂在NDS上重新发布2D超级马力欧系列已经过去十几年了。让我们一起来回顾一下这个让吃蘑菇的红帽大叔焕发新生的系列吧。

» 吃下巨大蘑菇的马力欧无人可当，轻松过关。

当马力欧凭借 1996 年的《超级马力欧 64》迈入 3D 世界时，它标志的不仅是这位世界知名角色的一大步，也是整个平台动作类游戏的一大步。宫本茂的这部巨制几乎是以一己之力为 2D 平台跳跃类游戏开辟了 80 年代往后的发展道路，并自此招来了各式各样的效仿者，这些游戏虽然能复制马力欧的技能，但却没几个能做到任天堂出品的那种魅力和可玩性。尽管有来自索尼克、原人（Bonk）、亚历克斯小子的威胁，但包括 NES 平台标志性的《超级马力欧兄弟 3》和 SNES 平台具有进步意义的《超级马力欧世界》在内的续作已经让马力欧成了平台跳跃类游戏的领军人物。所以，当这位知名的意大利水管工告别 2D 拥抱 3D 时，整个行业都自然而然地效仿他进入 3D 世代。《超级马力欧 64》上架那一刻起，2D 平台跳跃类游戏就成了过去，而像《蛊惑狼》（Crash Bandicoot）、《索尼克大冒险》（Sonic Adventure）、《克拉鳄：哥布斯传说》（Croc:Legend of the Gobbos）《小龙斯派罗》（Spyro the Dragon）这样的游戏也都注定会随着马力欧的脚步发展。

时间快退到 2004 年，此时的电子游戏行业已经是另一番景象了。在经历了市场上泛滥着的各种马力欧山寨游戏后，玩家们已经在某种程度上产生了对 3D 平台跳跃类游戏的厌倦。由于 NDS 和 Wii 主机市场渗透战略的成功，不同年龄的新一代任天堂玩家已经成长起来，而此时最新的一部主线的 2D 超级马力 ▶

**223**

▶欧游戏还是 1995 年的《超级马力欧世界 2：耀西岛》，所以可想而知新玩家里玩过老版 2D 马力欧游戏的并不多。这使得马力欧回归 2D 世界的举动显得既冒险又刺激。2004 年，任天堂在 E3 游戏展上公布了《新超级马力欧兄弟》，一部结合了时兴的 3D 人物与 2D 场景的传统风格的平台跳跃游戏。

虽然《新超级马力欧兄弟》在坚持 2D 风格的同时，没有回归老版的像素艺术风格，但它却展现出了新的进步。更流畅的建模使人物看起来更有魅力，甚至连游戏中的敌人都会随着音乐律动，跟随节奏起跳。在游戏场景方面，任天堂也为蘑菇王国增添了更多真实感，比如，绳桥会在马力欧站在上面的时候拉紧，而这种真实度此前只在马力欧的 3D 游戏中出现过。但最有影响力的还是强化道具，而这些都还没用到 NDS 的全部 3D 硬件性能。吃下巨大蘑菇的马力欧会像气球一样变大，撑满整个屏幕并对周围的物体造成破坏和对敌人进行攻击。全 3D 渲染的人物建模让整个变身流程完成得非常流畅。

尽管有少部分评论认为《新超级马力欧兄弟》依赖旧日光辉，让人失望，但游戏的总体评价依然正面积极，粉丝的购买量就是最好的证明。游戏在发售当天就在日本卖出了近 50 万份，4 天后就达到了 90 万份，而且还在不断上涨，《新超级马力欧兄弟》成了日本首发成绩最好的 NDS 游戏。北美的销售量也同样令人鼓舞，《新超级马力欧兄弟》在北美的首月销售就达到了 50 万份，并在 12 周后达到了 100 万份。截至 2016 年 3 月，《新超级马力欧兄弟》以惊人的 3080 万份销量成了史上最畅销的 NDS 游戏。

《新超级马力欧兄弟》优秀的商业成绩让这个实验性游戏变成了一个实打实的系列，而系列的续作当然也得跟上。相比继续在 NDS 上推出系列续作，任天堂选择将《新超级马力欧兄弟》搬上与 NDS 平分秋色的 Wii 主机平台。这当然是因为 Wii 主机的画质更好，但据说也是因为宫本茂想把《超级马力欧》系列打造成更适合社交的系列。此时任天堂已经通过《超级马力欧 64 DS》（*Super Mario 64 DS*）的多人模式获得了一些经验，所以 2009 年《新超级马力欧兄弟 Wii》就成了顺理成章的选择。游戏的多人模式允许最多 4 名玩家共同游玩，这也至少在《复古玩家》杂志社办公室里，为我们创造了

»玩家可以钻进蓝龟壳中发动龟壳冲刺（Shell Dash）技能击倒一连串的敌人。

224

» 《超级马力欧兄弟2》中一个典型的金币横流的关卡。

很多酒后欢乐时光。

　　《新超级马力欧兄弟 Wii》依旧具有典型的任天堂风格，就连新增的多玩家模式都有很好的难度平衡，即使是经验不足的玩家也不用担心影响游戏体验。玩家落后过多时，游戏会把玩家向前拖到其他人的位置。而且即使角色死亡也不会结束游戏。如果在死亡的同时还有至少一条未使用的生命，玩家就会被包裹在一个可以被其他玩家戳破的泡泡里重新加入游戏。但新增的"超级向导"（Super Guide）或许才是其中最过分的。为防止经验不足的玩家灰心丧气，任天堂在单人模式中加入了这个功能。如果玩家连续死亡 8 次，就会触发一个有绿色感叹号的砖块，AI 路易吉会从里面出来为玩家指出通关的安全路线。玩家可以随时恢复控制，继续独自探索；也可以选择在路易吉的陪同下完成整个关卡，然后再选择是独立重玩本关还是直接进入下一关。这种把玩家送到下一关的行为无疑遭到了老玩家的批评，但其实这个模式存在的意义只是为玩家多提供一种选择，通过这个模式，任天堂让更多普通玩 ▶

» 《新超级马力欧兄弟 Wii》对多人模式的强调可见一斑，玩家可以在多人模式中互相帮助或者互相使坏。

» 有时候你必须完全信任队友。

▶家能够上手游戏，也造就了游戏的成功。

　　在 NDS 前作和 Wii 惊人的销售量的加持下，《新超级马力欧兄弟 Wii》成了任天堂又一部出色的平台跳跃类游戏。游戏在日本发布后的 4 天时间内就卖出了 93 万余份，成了日本本土首发销售量最高的 Wii 平台游戏。此后，总销售量不断上涨，在接下来的一周猛增至 140 万份，并在 7 周后迈过了 300 万份的大关。《新超级马力欧兄弟 Wii》在北美的销售量也同样惊人，单 11 月份一个月就售出了 139 万份。截至 2017 年 9 月 30 日，游戏的全球销售量已经达到了 3011 万份。在《新超级马力欧兄弟 Wii》收获的巨大成功下，喀普康于 2011 年将游戏移植到了街机上，推出了《新超级马力欧兄弟 Wii：金币世界》（New Super Mario Bros Wii Coin World），原作的多玩家模式在游戏中得到了继承，但闯关的目标变成了收集钥匙，每收集 5 把钥匙就可以获得与酷霸王对战一次的机会。

　　进入新的 10 年，任天堂也推出了新一代掌机霸主 3DS。这时候就需要一部新的 3D 马力欧游戏来为新主机护航，2011 年的《超级马力欧 3D 乐园》出色地完成了这个任务，在吸取以往经验的基础上利用 3DS 出色的裸眼 3D 功能为玩家奉上了一部乐趣与视效俱佳的游戏。不过这并不意味着"新"字头系列已经走到了尾声。事实上，任天堂在紧接着的第二年就在 3DS 上推出了续作《新超级马力欧兄弟 2》。截止目前，关于《新超级马力欧兄弟 2》讨论最多的是它比之前的任何一部以及之后的任何一部马力欧游戏都要强调金币这个元素。玩家收集到的所有金币都会被计入玩家自己的金币总数，而 3DS 的线上功能还允许玩家上传金币总数到一个统一的全球金币池中。游戏中还有一些围绕金币概念加入的新道具，可以

» 和所有优秀的马力欧游戏一样，这里有许多需要玩家攻克的堡垒关卡。

**226**

» 耀西可千万不要在这个时候放屁呀……

大幅度增加玩家的金币收集效率。比如，可以将砖块变为金币的金之花，以及著名的金币生产机——金币砖块面具，只要戴上这个面具就可以在闯关时轻松收集金币。

对任天堂这样一个曾经拒绝线上功能的公司来说，在游戏中加入线上金币系统确实是一个出人意料的行为。而游戏的金币冲冲冲（Goin Rush）玩法更是使线上游戏更具魅力。在金币冲冲冲模式下，玩家必须在只有一条生命的情况下，在随机的3个关卡中收集尽可能多的金币。玩家还可以通过3DS的StreetPass功能与一定距离内的其他玩家无线互联，与朋友和陌生人比拼谁在金币冲冲冲模式中获得的金币更多。而且这个极富特色的模式还推出了可下载关卡扩展包，这对任天堂来说还是头一次。当时有些媒体冷淡地给出评价，说游戏在核心元素的挖掘上不如前两作。考虑到这一点，任天堂十分明智地推出扩展包。在游戏的销售数据上，《新超级马力欧兄弟2》并没有达到系列前两部作品的高度，游戏截至2017年9月的全球销售总量为1243万份，虽然这已经是一个相当了不起的成绩了，但这个数字还没有《新超级马力欧兄弟》和《新超级马力欧兄弟Wii》各自销售成绩的一半多。这当然也和3DS的装机量低于NDS和Wii这两部主机有关。

与《新超级马力欧兄弟2》同步开发的还有采用高清画面的《新超级马力欧兄弟U》，它是任天堂最饱受争议的主机Wii U的护航游戏。在2011年的E3游戏展上，任天堂演示了代号"新超级马力欧兄弟Mii"的试玩版游戏，也就是《新超级马力欧兄弟U》的前身。除了华丽的高清画面，试玩版游戏与Wii U的GamePad手柄的结合方式也非常奇特。在最多允许5人共同游玩的多人模式下，使用GamePad的玩家不能控制屏幕上的角色，只能通过GamePad的电阻式触摸屏击晕敌人或设置障碍来辅助其他玩家闯关。任天堂也通过这样的设计实现了制作非对称游戏的梦 ▶

（下转第231页）

### 《新超级马力欧兄弟》：World 7-3

World 7-3 也许不是《新超级马力欧兄弟》里最刺激或最具挑战性的关卡，但其中的这只巨型花毛毛一定会让你对它印象深刻。这只花毛毛也展现了游戏设计团队对 NDS 掌机 3D 性能的运用。

### 《新超级马力欧兄弟 Wii》：World 7-2

这个如梦似幻的关卡中到处漂浮着让玩家可以钻进去跳跃或游泳的泡泡。只有搭乘这些看似不可能的交通工具才能安全穿过关卡里的汪汪和炮弹先锋。

### 《新超级马力欧兄弟 2》：黄金典藏包（Gold Classics）金币冲冲冲

黄金典藏包金币冲冲冲并不算一个关卡，但却是《新超级马力欧兄弟 2》中最好的金币冲冲冲扩展包之一。作为付费 DLC 内容，它绝对物有所值。任天堂重新改造了马力欧系列的经典关卡，将其与本作的金币收集玩法相融合。这也是任天堂第一次推出 DLC 内容。

### 《新超级路易吉 U》：特别星星 -3

这是游戏中比较靠后的一个关卡，在水下沉船场景中展开。我们的英雄路易吉在这里被一只饥饿的大嘴鱼盯上了，麻烦可不小，但玩家可以利用这个张着血盆大口的敌人解决其他敌人。

### 《新超级马力欧兄弟 U》：World 7- 飞行船

自《超级马力欧兄弟 3》起，飞行船就成了马力欧系列的一部分，但这一关有所不同，整个场景都在飞行船外展开，玩家会受到来自地面和空中的攻击，面对更加刺激的挑战。

**《新超级马力欧兄弟 U》：World 5-4**

World 5-4 看上去像是一幅被诅咒的油画。华丽的视效和关卡末尾恶狠狠地盯着你的酷霸王都让这一关看起来很可怕，但也充满乐趣。

**《新超级马力欧兄弟 Wii》：World 6- 塔**

这个堡垒关卡最突出的特色就是中间这根时不时出现的巨大狼牙柱，它让玩家在跳跃时充满了紧张感。和朋友一起玩的时候可以在这里使使坏。

**《新超级马力欧兄弟》：World 6-6**

这个长满了汪汪的山脉是《新超级马力欧兄弟》中唯一一包含汪汪的场景，充满着攻克难关的乐趣，所以我们也就不责怪任天堂没在其他关卡中使用汪汪了。

**《新超级马力欧兄弟 2》：World 2-1**

马力欧系列中总有一些因加入新道具而为人称道的关卡，World 2-1 就是一个例子。金之花可以变砖块为金币，而 World 2-1 就是玩家初次感受到金之花魅力的地方。

**《新超级马力欧兄弟 2》：World 6-2**

岩浆关卡是马力欧系列历史悠久的关卡，而《新超级马力欧兄弟 2》的 World 6-2 则是其中最有特色的岩浆关卡之一。除了岩浆关卡一贯的障碍物设置，大部分时间里搭着玩家前进的白骨过山车也让这里的冒险更加刺激。

# 最佳强化道具

## 蓝龟壳
《新超级马力欧兄弟》新增道具。玩家可以钻进其中进行躲避或发动龟壳冲刺。

## 超小蘑菇
这些蘑菇会让马力欧体型变小，让他可以钻进小型水管并且在水上奔跑，但也可能被敌人一击致命。

## 巨大蘑菇
巨大蘑菇会让马力欧的体型暂时变大，变大后的马力欧可以破坏关卡内的一切，甚至包括最后的旗杆！

## 企鹅装
冰雪关卡的必备强化道具。企鹅装可以增加马力欧脚底的摩擦力，并且赋予他扔冰球攻击敌人的能力，也可使马力欧更优雅地在水下活动。

## 冰之花
《马力欧与路易吉RPG 2》中首次登场的道具。冰之花与火之花的功能相反，会赋予玩家冻结敌人的能力。

## 无敌星
无敌星现在有了一个新的附加效果——在玩家冲刺跑过整关的时候散落金币。此外，玩家的奔跑速度也会得到提升。

## 超级树叶
粉丝最喜欢的道具之一，《新超级马力欧兄弟2》中重要的拾取道具。路易吉获得超级树叶后会变成身着狐狸装的狐狸路易吉。

## 无敌树叶
和超级树叶长得差不多的道具，会让玩家进入无敌状态。在任意关卡连输5次后，可以触发协助砖块并获得该道具。

## 金之花
在《新超级马力欧兄弟2》中初次登场的道具。拾取后会将马力欧变成金色，并赋予他用金色火球攻击敌人和破坏砖块的能力。

## 飞鼠装
在《新超级马力欧兄弟U》中拾取超级橡栗会将马力欧变成飞鼠马力欧。飞鼠装可以让马力欧跳得更高，在竖直的表面停留，并获得更高的旋转跳高度。

（上接第 227 页）

▶ 想。这个设计也特别讨家长的欢心，因为这样一来他们就可以帮助家里的小朋友在游戏中解决难题，并且在类似 SNES 经典《超级马力欧世界》中那样的广阔地图上展开冒险。游戏的另一个卖点是可以不用连接电视直接在 GamePad 上游玩，这也是当时任天堂主机独有的功能。此外，游戏还加入了新角色头天兔，它会在某些关卡出现并引诱玩家追赶。抓住头天兔就可以获得强化道具奖励。

　　《新超级马力欧兄弟 U》推出时，距离上一部伴随主机同时发售的马力欧游戏已经过去了一段时间，所以大家都等不及想要上手 Wii U 和这部新游戏。起初，市场对游戏的反馈都很好，毕竟高清版的马力欧给所有人都带来了视觉震撼。但在赞美声中也有反对的声音，他们指出虽然游戏视效很棒，对 GamePad 的利用也很巧妙，但游戏并没有满足大家对一部新世代主机护航作品的期待。抛开 GamePad 不谈，《新超级马力欧兄弟 U》本质上只是对各个子系列游戏的创意进行回收利用。即便如此，马力欧的品牌力量也不容置疑，《新超级马力欧兄弟 U》最终卖出了 575 万份。也许这个数字与其他兄弟系列相比并不出众，但主机 Wii U 的销售量截至 2017 年 3 月才只有 1356 万台，考虑到这点，游戏的配售率还是相当不错的。此外，虽然《新超级马力欧兄弟 U》的销售数据与 Wii U 平台的另一部马力欧作品《超级马力欧 3D 乐园》相差无几，但二者都远比不上 Wii U 的销售冠军《马力欧卡丁车 8》，后者的销售量是 840 万份。

　　2013 年是任天堂官方宣布的"路易吉之年"，因为 2013 年是路易吉自《马力欧兄弟》首次亮相后的第 30 年。（路易吉那位出名的兄弟比他早两年出道，出道游戏是 1981 年的《森喜刚》）。任天堂在对外公布 3DS 的《路易吉洋馆 2》（Luigi's Mansion: Dark Moon）和《马力欧与路易吉 RPG 4》时，也一起公布了《新超级马力欧兄弟 U》的扩展游戏《新超级路易吉 U》（New Super Luigi U），由高个子的路易吉担任游戏主角。《新超级路易吉 U》的所有关卡都为路易吉的高弹跳能力和脚底抹油的风格量身打造，而《新超级马力欧兄弟 U》中出现的头天兔也在本作中升级成了玩家可操控角色。游戏的最大特色就是更有挑战性的游玩体验，用更短的时间营造紧张感来推动玩家进行探索。《新超级路易吉 U》既可以作为《新 ▶

（下转第 233 页）

» Wii U 主机的性能使许多不可思议的关卡设计成为可能。

» 飞鼠装为马力欧的核心游戏体验增添了新的乐趣。

## 多人模式

让马力欧系列成为一种社交方式一直是宫本茂的梦想。《新超级马力欧兄弟 Wii》使他终于有机会实现这个梦想。和 3 个"臭味相投"的好友一起畅游蘑菇王国实在太有意思了。

## 3D 游戏引擎

《新超级马力欧兄弟》之前的游戏都采用的是基于贴图的图像引擎,这限制了设计人员的发挥。而《新超级马力欧兄弟》在保留人物 2D 活动模式的同时,改用了 3D 引擎,开发人员也因此得以发挥出想象力。场景元素也不再局限于 2D 设计,可以用 3D 空间造型,马力欧变大的过程看起来也更加流畅、真实。

## 新模式

《新超级马力欧兄弟 2》让人上瘾的金币冲冲冲模式甚至可以作为独立游戏发售,而且肯定会大卖特卖。模式的妙处在于它利用 3DS 的 StreetPass 功能为收集金币的这一系列传统玩法赋予了社交属性。

## 超级向导

不论你喜不喜欢,《新超级马力欧兄弟 Wii》的超级向导新功能都会为任天堂带来新一代粉丝。通过降低难度,超级向导可以避免新玩家因为游戏进展缓慢而丧失游戏兴趣。

## 在线联机

允许玩家就近开战的 StreetPass 功能让《新超级马力欧兄弟 2》的金币冲冲冲模式变得火药味十足,而全球金币池的设置则让玩家进一步陷入了收集金币的狂热之中。

（上接第 231 页）

▶ 超级马力欧兄弟 U》的付费版 DLC 销售，也可以单独销售，或者与《新超级马力欧兄弟 U》捆绑销售，但游戏的销售量对任天堂作品来说比较一般，只卖出了 300 万份多一点。《新超级路易吉 U》是截至 2018 年最新的一部"新"字头系列游戏。

　　"新"字头系列的前景依旧不明朗。最新一部主线 2D 马力欧平台跳跃游戏还是 2015 年 Wii U 上的《超级马力欧制造》。该游戏允许玩家在《新超级马力欧兄弟 U》的关卡模板上建造自己的关卡。任天堂在 2016 年就将《超级马力欧制造》移植到了 3DS 上，任天堂主机销量冠军 Switch 也在去年[1]拥有了《超级马力欧：奥德赛》，一部 3D 马力欧游戏。《超级马力欧：奥德赛》的大型开放关卡和对探索的强调使之成为马力欧的新起点，这不免让人猜测任天堂是否还愿意继续开发结构相对简单的"新"字头系列游戏，虽然"新"字头系列的销量不错。然而，任天堂不仅是一位创意大师，也是一位擅长于把旧元素装扮出新花样并带给玩家独特体验的大师，所以完全放弃对下一部 2D 马力欧续作的期待就太傻了。我们甚至敢打赌，在我们讨论这个问题的时候，任天堂已经在背地里展开行动了……

特别鸣谢超级马力欧维基百科授权本文使用其关卡图片。

» 《新超级马力欧兄弟 U》的华丽场景让它成了目前为止最好看的 2D 平台跳跃游戏。

①即 2017 年。——译者注

# 马力欧与路易吉 RPG

马力欧的RPG冒险之旅登陆了掌机平台，并从《纸片马力欧》系列中汲取灵感，以幽默感十足的剧本赢得了众多粉丝的喜爱。

## 信息栏

- » 游戏版本：Game Boy Advance
- » 发售时间：2003 年
- » 发行公司：任天堂
- » 开发公司：AlphaDream
- » 关键人物：洼田博之、大家康弘
  纳特·比尔多夫（Nate Bihldorff）、
  比尔·特里内（Bill Trinen）（翻译）

## 深度挖掘

- » 游戏的英文翻译几乎保留了日语原文的所有笑话，几乎没有删减任何内容。
- » 《马力欧与路易吉 RPG》的配乐师下村阳子以她为《王国之心》（Kingdom Hearts）系列创作的音乐而为人熟知。

## 背景

自 1996 年的《超级马力欧 RPG：七星传说》开始，任天堂就一直在探索马力欧与 RPG 类别的融合。即便该作是第一部马力欧 RPG，但任天堂在那时就已经定下了一个马力欧 RPG 的模板，那就是将马力欧系列的平台跳跃精髓融入更传统的 RPG 结构中。AlphaDream 的成员曾为史克威尔工作并参与打造了这部游戏。《马力欧与路易吉 RPG》采用了《超级马力欧 RPG：七星传说》的模板，并从后者的著名衍生作《纸片马力欧》系列中汲取了创作灵感。

» 马力欧兄弟甚至有一项 "胡子" （Stache）属性。还真是什么都逃不过游戏的幽默感。

» 《马力欧与路易吉 RPG》继承了《超级马力欧 RPG》的优秀口碑。

　　"《马力欧与路易吉 RPG》游戏体验中最重要的特质，也就是幽默和传统 RPG 元素碰撞出的乐趣，还有动作命令系统，都在《超级马力欧 RPG: 七星传说》中开创了先河，而后续的每一部《马力欧与路易吉 RPG》系列游戏都是对这些特质的进一步打磨和改进。"任天堂的纳特·比尔多夫（Nate Bihldorff）在 2009 年接受 *Game Informer* 杂志采访时说。但为《马力欧与路易吉 RPG》赢来源源不断赞美之声的还是游戏幽默的剧本。这得益于 AlphaDream 获得的相对自由的创作空间。任天堂内部的本地化团队任天堂 Treehouse（Nintendo Treehouse）出色的翻译工作也将原文的幽默保留到了本地化版本中。既要保留每个笑话的效果，又要保证文字不超出字符限制并不容易，但功夫不负有心人，团队最终打造出了任天堂多年来最欢乐、奇特的游戏之一。　▶

» 图中英文意为: 酷霸王同伙集结!

Bowser Baddies!

### 酷霸王说了算

在系列的第 3 部作品《马力欧与路易吉 RPG 3》中，玩家既可以操控马力欧兄弟，也可以操控反派酷霸王。游戏文本的幽默感与《马力欧与路易吉 RPG》不相上下。

### 马力欧的 RPG 佳绩

《马力欧与路易吉 RPG》系列、《纸片马力欧》系列和最早的《超级马力欧 RPG》都是竞争激烈的 RPG 中大受欢迎的游戏。

### 点头致敬

《超级马力欧 RPG》出色地致敬了之前的马力欧游戏。这点从游戏的对白和画风上都可以明显看出。

## 媒体评论

**Games™**

评分：9/10

游戏也许既没能满足硬核平台跳跃类玩家，也没能照顾到纯 RPG 玩家的需求，但作为一部跨类别的游戏来说，它已经做得比其他作品好很多了。

**GamePro**

评分：4/5

就算不是最强蘑菇片，也堪称蘑菇巨制了。

### 强强联手的水管工兄弟

游戏战斗系统的一大特色就是马力欧兄弟的组合技能，根据 QTE 提示进行操作的设定也避免了玩家进入疯狂按键模式。

### AlphaDream 进行时

尽管 AlphaDream 主要进行《马力欧与路易吉 RPG》系列的开发，但该公司还出品过另一个为人熟知的游戏——《西红柿冒险》。该游戏虽然仅在日本发售，但也收获了潮水般的好评。

▶ **游戏本身**

　　"这场战斗会像面包上的芥末酱一样精彩! 给你带来厄运的芥末酱!"（And this battle shall be the delicious mustard on that bread! The mustard of your doom!）游戏中咯咯柯比茨这一段刻意而又蹩脚的比喻明显取材于过去"你真是个痴情[1]的游吟诗人!"（You spoony bard!）这种抖机灵式的翻译风格，并在

---

①原文这里的用词是 "spoony"，它有 "痴情的" 的意思，拼写中又含有 "勺子"（spoon）这个单词，所以这句话也涉及了饮食方面。——译者注

游戏发售时就在网络上引起了广泛关注，将这部 2003 年 GBA 平台游戏的魅力体现得淋漓尽致：利用时兴的 RPG 形式来展现 NES 和 SNES 时代游戏的精华。

从本质上看，《马力欧与路易吉 RPG》将马力欧系列相对简单的平台跳跃模式转换成了回合制战斗系统，依靠即时按键操作而非动作列表选择进行战斗。这种转变让游戏瞬间有了传统马力欧游戏的魅力，且兼具其独有的令人上瘾的魅力。如游戏的名字所示，《马力欧与路易吉 RPG》是一部马力欧兄弟齐上阵的游戏，需要二人共同努力从豆豆王国的咯咯莫纳和她的手下咯咯柯比茨手中夺回桃花公主的声音。在这略显诡异的故事背景下，玩家需要轮番操控马力欧和路易吉进行战斗，并利用他们各自的特殊能力解决场景中的谜题。无论是战斗还是场景互动，难度都会随着玩家的游戏进度不断升级，为玩家带来丰富的游戏体验。

不过，《马力欧与路易吉 RPG》最出彩的还是剧本。疯狂、搞笑、富有系列特色的游戏剧本完全值得任天堂引以为傲。而这种独特的幽默感也是大部分编剧梦寐以求却难以企及的，既魔性又异常贴合马力欧生活的奇怪世界，与此前没有背景故事的平台跳跃游戏不同，它以叙事为线索展开。豆豆王国里形形色色引人发笑的居民与居住着慢慢龟、水管工兄弟和可爱蘑菇的马力欧宇宙完美接轨，为我们展现了那些以往潜藏在游戏背景里的世界。连珠炮式的笑话伴有老少咸宜的魅力，偶尔迸发出智慧的火花，却又总是诙谐可笑。

《马力欧与路易吉 RPG》不像其他日式角色扮演游戏那样直接将玩家推向重复枯燥的操作之中，而是始终保持着轻松的风格，不仅没有毫无意义令人厌倦的战斗，连属性数据也都以干脆利落的方式呈现，不论新老玩家都能轻松理解。即使到了游戏后期，较为复杂的关卡也不会出现《最终幻想》那类游戏才有的 9999 伤害突破概念。虽然《马力欧与路易吉 RPG》没有对任何元素进行深入挖掘，但它出色地融合了各种创意并在其中取得了巧妙的平衡，最终为玩家带来了 20 小时的精彩绝伦的游戏体验。

《马力欧与路易吉 RPG》证明了马力欧系列完全有能力与任何的游戏类型相结合。它既可以是你的第一部 RPG，也可以是你最近的一部 RPG，这都不会影响游戏带给你的体验。它再现了初代《超级马力欧 RPG》的幽默魅力，并将其带给更多玩家。任天堂的长处在于它总能开发出所有人都能玩的游戏，并能收获玩家的喜爱，而《马力欧与路易吉 RPG》则让普通玩家有机会涉足 RPG 这个为专业玩家而生的游戏类别。与此同时，《马力欧与路易吉 RPG》仍旧保持了马力欧无与伦比的平台跳跃游戏核心，为玩家带来了比以往的马力欧游戏更丰富的游戏体验。RPG 系列的后续作品将会有更奇异的故事发展，但很多的搞笑瞬间和对马力欧系列前作的经典致敬都藏了在这部具有开拓意义的作品中。

# 超级马力欧银河 2

## 达伦说得对

» Wii » 2010年 » 任天堂

　　我完全错过了 Wii 时代。那段时间我还沉迷于 PS3 上那些昏黄色调，由一堆光头白人男主演的游戏。现在想起来我真是有点傻，错过了 Wii 上那么多欢乐又好玩的游戏，比如《超级马力欧银河 2》。

　　我根本不知道《超级马力欧银河》还在 Wii 上推出过续作，这完全不像任天堂的做事风格。因为按他们的一贯模式，一个世代应该只有一部 3D 马力欧游戏，所以我真的很惊讶。直到我开始在《复古玩家》杂志社工作，我才知道原来还有这么一部作品存在。同事达伦（Darran）一脸自豪地对我说他在评测里给游戏打了满分，因为《超级马力欧银河 2》是那个游戏类别里最好的游戏。我当然对他的观点抱有怀疑，因为我觉得地球上没哪个游戏能拿满分，作为游戏测评人也不该给哪个游戏打满分。结果我又傻了。

　　去年①在《超级马力欧：奥德赛》出来之前，我终于玩到了《超级马力欧银河 2》。我的天呀，这游戏简直太好玩了！没多少东西能让你像个白痴一样一直傻乐，《超级马力欧银河 2》肯定加深了我面部肌肤上的皱纹，因为我一直在笑。

　　它让我真正了解到了马力欧的魔力。别误会，马力欧系列的游戏我都很喜欢，但其他游戏都只是普通的好游戏而已。玩《超级马力欧银河 2》的感觉就像把阳光吸到肚子里一样，轻松欢快的节奏太让人上瘾了，叫人没办法不爱这个游戏。

　　虽然最新的《超级马力欧：奥德赛》②证明了任天堂打造马力欧系列的能力依然在线，但我还是更喜欢《超级马力欧银河 2》。首先是因为我这个人空间感特别差，其次是我更喜欢颠倒的关卡设计和游戏里的 boss。哦对了，耀西在《超级马力欧银河 2》里的出场也多一些，耀西的出场时间当然是多多益善。✱

---

① 本书英文原版于 2018 年出版，此处的"去年"指 2017 年。——译者注
② 截至本书英文原版出版时间 2018 年。——译者注

# SUPER MARIO ODYSSEY

超级马力欧：奥德赛

作为Switch上的第一部3D马力欧游戏，《超级马力欧：奥德赛》是如何凭借全新机制带给玩家不同以往的游戏体验的呢？斯蒂芬·阿什比（Stephen Ashby）带我们深度挖掘神奇的扔帽动作。

试想一下开发团队制作《超级马力欧：奥德赛》时面对的压力。它不仅是继2013年的《超级马力欧3D世界》后的第一部3D马力欧游戏，还是新世代主机的第一部马力欧游戏。哦，对了，这还是一款3D马力欧游戏，就是世上最受好评的游戏系列之一。无所谓了，反正对任天堂来说也没什么。

但团队的袖子里还藏了一张王牌——新角色帽子凯皮。这顶帽子是整个《超级马力欧：奥德赛》的核心。根据游戏的总监元仓健太所说，凯皮是游戏规划阶段就已经存在的构思。"扔帽动作来源于团队制作的某个早期游戏版本，从一开始就在游戏里了。"他在游戏发售前接受《时代周刊》（*Time*）采访时说。

当然，《超级马力欧：奥德赛》并不是第一部围绕某个特殊概念打造的马力欧游戏，此前还有《超级马力欧阳光》里的水泵和《超级马力欧银河》系列的重力概念。但这一次，凯皮带来的不仅是攻击方式的改变，或与场景互动方式的改变，而是全方位的改变。

宫本茂有句名言："好的创意不仅能解决一个问题，还能同时解决好几个问题。"凯皮成功地做到了这一点。玩家可以利用凯皮完成游戏中几乎所有的操作，这也意味着《超级马力欧：奥德赛》是第一部不依赖跳跃动作的马力欧游戏……扔帽才是本作的核心动作。

当然，玩家依然可以在《超级马力欧：奥德赛》里使用跳跃动作，而且马力欧在本作中的跳跃动作比以往更多、更实用。但谁不想试试用帽子来解决问题呢？你可以扔帽攻击、收集金币、附身敌人、开门、砸砖块。还有地板上的那些问号砖块，你当然可以用屁股把它们撞碎，但是你真的真的不想用帽子击碎它们吗？

扔帽动作最大的好处就是简化了一切。马力欧系列的风格一直非常简单直接——从屏幕的左边跑到右边，跳到敌人的头上进行攻击，跳到旗杆上完成整个关

是的，你没看错，这是个骨架版的马力欧。你总能买到一些奇怪的装扮……

卡。到了 3D 环境下就没这么简单了，不过，当扔帽成为游戏中的主要互动方式时，它会鼓励玩家在摸不着头绪时试试这个动作。有什么显眼的东西吗？把帽子扔上去试试就知道了。

这当然也在开发团队的设计之中。"因为扔帽是一个新动作，所以我们想鼓励并且推动玩家尽可能尝试这个动作。"元仓健太在 2017 年的《时代周刊》采访中说，"玩家探索的区域附近会有一些场景提示，然后他们可能会想：'说不定可以把帽子扔到这儿试试。'游戏里有一些这样的隐藏元素，而玩家也会逐步适应这样的设定。"

扔帽动作也简化了游戏中的战斗，降低了马力欧在 3D 环境下战斗的难度。任天堂很了解在 3D 场景中跳到敌人的头上有多不容易，所以它总会为玩家提供一个替代方案。在《超级马力欧 64》中，玩家可以用脚踢敌人；在《超级马力欧阳光》中，玩家可以用水泵喷敌人；在《超级马力欧银河》中，玩家可以用旋转踢攻击敌人，轻松解决栗宝宝。而这一次，在《超级马力欧：奥德赛》中，玩家可以用帽子来解决问题，就算没有击败敌人，也可以击晕或附身敌人。

最后，让我们来谈谈让《超级马力欧：奥德赛》如此特别的主要原因。马力欧通过附身获得的各种能力给玩家带来了更多选择，其过程也趣味十足。《超级马力欧：奥德赛》没有强化道具，也就是说在本作中你不会看到马力欧扔火球、在空中滑翔，或者体型变大。相反，这些能力（以及其他能力）都是通过附身生物（有时甚至是物体）获得的。无论是哪种附身方式，都需要玩家迅速理解新能力并做好随时使用或者失去这些能力的准备，而且有的能力一旦失去后就再也见不着了。所以屏幕上的教学提示就变得不可或缺，不过任天堂在设计这些能力的时候也处理得很小心，不会让玩家觉得很复杂，毕竟这是一款马力欧游戏。

而所有的新能力（真的太多了，可以到"附身能力一览"板块查看我们最喜 ▶

（下转第 247 页）

不能使用帽子的关卡对玩家的平台跳跃基本功来说是一种考验。

## 冲刺飞天上映中！

（都市国 #64）

通过一个马力欧粉丝烂熟于心的关卡带领玩家重温旧日的美好时光。在游戏后半程发现这个地方的感觉实在太美妙了，让我们不禁回想马力欧这一路走来的旅程。

## 崩塌的道路

（森之国 #75）

在这里可以找到两个月亮，到场景下方就可以利用大炮弹先锋拿到隐藏的那个月亮。整关结束后玩家还得再玩一遍，但这一次就没有帽子了……

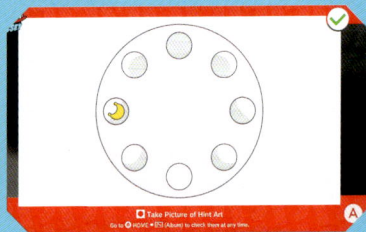

## 哐库哐库赛跑①

（酷霸王之国 #58）

哐库哐库赛跑有时候特别难，但这场酷霸王之国里的比赛却充满乐趣。从高处跳下可以飞得很远，但别太贪心，否则很可能会殒命深渊。

## 在月之国 后面看到的照片里的宝物 4

（月之国 后面 #18）

《超级马力欧：奥德赛》最厉害的一点就是可以利用简单的图形做出谜题。试着不借助网络搜索解题，享受独立解题的成就感吧！

## 来自天花板的光芒

（蘑菇王国 #25）

一踏进桃花公主的城堡你就能感受到满满的怀旧气息。在 N64 时代，我们曾在这里观赏透过屋顶洒下的阳光，并进入隐藏关卡。而在《超级马力欧：奥德赛》中，我们会在这里获得一个月亮。

---

① "哐库哐库"即前文所说的"慢慢龟"，是同一角色"Koopa"的不同译法。在除《超级马力欧：奥德赛》之外较近期的官译游戏中官方采用的是"慢慢龟"这个译名，但《超级马力欧：奥德赛》采用的是"哐库哐库"这个译名，这里与官译保持一致。——译者注

## 快跑！沉没的巨大遗迹！

（沙之国 #87）

好吧，这里是真的难。玩家需要拿到火箭花并操控急速行驶的马力欧通过狭长小道，而且还是在一堵倾斜的墙旁边。避开沟壑冲到终点就可以拿到月亮。

## 决斗！雷王！

（被夺之国 #1）

雷王是马力欧系列中体型最大的 boss。这只巨龙会喷出闪电攻击你，把它击倒，并攻击它头部的弱点解决它吧。

## 平面密室

（蘑菇王国 #31）

准备拿出你最狠的脏话来吧，朋友。这关绝对能让你气得骂人。这里的挑战是待在 2D 环境中，一旦跑出边界就会变成 3D 并立即死亡。

## 在沉没岛大吃一顿！

（月之国 后面 #12）

这一关的目标是收集水果，随着岛屿的下沉，留给玩家的时间也在逐渐减少。快速的反应力和对耀西舌头的巧妙利用是获得成功的关键。

## 传统的庆典！

（都市国 #7）

这关是对马力欧历史的终极致敬，不仅有 2D 跳跃人元素，还有整个游戏最动听的配乐以及最好玩的平台跳跃挑战。为马力欧的都市国之旅画上圆满句号。

# 《超级马力欧：奥德赛》的秘密

### 2D 服装

穿着成套的服装进入游戏中的 2D 场景就可以看见 8 位像素的马力欧科学家、野人和武士。一定要戴上和衣服配套的帽子，不然是无法触发这些效果的。

### 猜歌名

在奥德赛号的星球仪上跳跃会触发音乐盒播放曲子。在未完成游戏的情况下会听到游戏主题曲，在击败了酷霸王的情况下会听到朗朗上口的 Jump Up, Super Star。

### 隐藏的金币

开发团队在那些常人难以到达的地方设置了金币来奖励那些不畏艰难险阻的玩家。玩家看得到的平台多半也能到得了，只要登上去就可以获得一些金币奖励。

### 就在鼻子上

让马力欧自己站一会儿他就会自己坐下来休息。再等久一点他就会躺下睡觉。足够幸运的玩家能看到一只飞来停在他鼻子上的小鸟。每个国家里停在马力欧鼻子上的鸟都不一样。

### 看起来好眼熟

玩家可以在《超级马力欧：奥德赛》中发现一些来自老游戏或老广告的服装。比如，这件科学家行头就取材于 1995 年的 Super Game Boy 广告，而高尔夫装则来源于 1991 年 NES 平台的《马力欧高尔夫公开赛》。

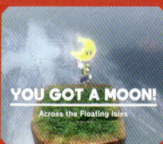

### 击掌？

每当玩家拿到月亮时，马力欧就会比出 3 个庆祝手势中的一个。这 3 个庆祝手势全部来源于系列老游戏。剪刀手手势来自《超级马力欧 64》，击掌手势来自《超级马力欧阳光》，握拳手势来自《超级马力欧银河》。

（上接第 243 页）

▶ 欢的附身能力），以及以扔帽子为主的互动方式，让那些不能使用帽子的关卡显得更难攻克。将帽子扔向稻草人会触发平台跳跃挑战，而挑战成功获得的月亮又会要求玩家在没有帽子的情况下重新挑战某些关卡。我们已经数不清有多少次在想用凯皮进行长跳跨越沟壑的时候一摸脑袋什么也没有，结果直接葬身深渊。这些挑战一直以来都是马力欧游戏的标志性特色，最明显的就是《超级马力欧阳光》，一旦失去了核心道具，就只能依靠自己的平台跳跃技巧过关了。不过通关这些关卡也能为你带来其他游戏少有的成就感。

也许本作最偏离传统马力欧游戏设定的就是月亮的加入。与之前的星星和太阳不同，获得月亮并不会将玩家踢出关卡并传送回核心区域，而是会触发简短的祝贺动画，然后让玩家继续探索。据元仓健太所说，这是基于 Switch 的掌机模式设计的："加入了数量庞大的力量之月后，玩家在探索途中也可以利用两三分钟时间收集月亮，因为到处都藏着力量之月。"

集齐 999 个月亮是个很少有人能完成的挑战，但这样也就意味着玩家总有理由拾起游戏进行探索。我们完成了月亮全收集了吗？当然。最后那几个月亮真不是开玩笑的，就这么跟你说吧。月之国 更后面的挑战既艰难又有成就感，光是攒金币从商店里拿到最后的 150 多个月亮就花了我们好几个小时。当然，我们也没放过任何一身服装，也就是说我们又花了好几个小时专门到金币多的地方刷金币。

对了，服装！从与各国主题相符的着装，到蕴含着马力欧铁粉才能懂其含义的服饰，五花八门的服装为《超级马力欧：奥德赛》增色不少。所有服装不仅设计精美，致敬了马力欧系列的其他角色或时代，而且在商店中的描述也十分有意思。不过，▶

（下转第 253 页）

路易吉

嘿……我好像在哪儿见过这身衣服……

路易吉在 DLC 中登场，该 DLC 还包含一个气球挑战模式。

# 附身能力一览

## 啄啄儿

这只来自东方的尖嘴小鸟是通过日式主题酷霸王关卡的关键。不过附身啄啄儿时要小心，它头上那顶带刺的武士帽可不是开玩笑的，使用臀部撞地动作可能会让马力欧的屁股遭不少罪。

## 花毛毛

附身花毛毛并让它后面的两只脚保持在平台上，就可以让马力欧够到远距离的平台以收集金币，或者绕到围墙背后的隐藏区域去。

## 暴龙

谁不想附身暴龙呢？头顶马力欧的小红帽，嘴的上方长着马力欧的小胡子，被马力欧附身后的暴龙看上去光彩照人。暴龙很适合用来开路。

## 炮弹先锋

这些家伙能将马力欧送到一些平时去不了的地方。附身炮弹先锋可以穿越地图到达高处平台或破坏砖块。

## 火花怪

附在火花怪身上可以让马力欧在热流中游动，借助岩浆大炮发射升空，或者打击那些觊觎料理国美味的巨鸟怪们。

## 轰水

实在受不了马力欧缓慢游速的玩家可以附身轰水以提升速度。附在这些章鱼长相的生物身上可以让马力欧向空中跃起或者在水面滑行。

## 汪汪

这个面相恐怖的死亡金属球一直是马力欧系列中势不可当的怪物。不过现在马力欧也可以附在这只狂吠的野兽身上了。玩家可以利用汪汪的尖牙巨口冲破岩石障碍。

## 飞行碎碎龟

附身飞行碎碎龟会给玩家带来不错的行动自由度。虽然飞行碎碎龟最多只能飞得比起始高度高一格，但玩家可以利用这个能力循序渐进地向上爬。该能力用来探索场景很合适。

## 青蛙

青蛙是《超级马力欧：奥德赛》中的第一个可附身生物，也是最实用的附身生物。利用青蛙的跳跃能力可以轻松地飞跃一大片区域。这招在月之国特别好使，跳一下就能把马力欧送上绕月轨道。

▶图中英文意为：我家孩子怎么把这东西玩这么好的？

## 这个人

在纽敦市里找到这个人，附在他身上就可以开始迷你小车挑战。赢得挑战可以获得月亮，赛车过程中还能听到经典的《超级马力欧卡丁车》配乐！

**249**

# 奥德赛旅行指南

## 帽子国

帽子国是凯皮的家，也是玩家旅程的起点。这个奇异的国家遭到了酷霸王的破坏，现在只有马力欧才能拯救它……

## 瀑布国

这个史诗般壮丽的史前天堂栖息着沉睡的暴龙。瀑布国的中心有一个从三角龙枯骨喷涌而出的瀑布。

## 沙之国

玩家可以在这个墨西哥主题的沙漠中冲沙并探索古代遗迹倒金字塔。马力欧的鞋子里肯定在这里进了不少沙子。

## 雪之国

雪之国的冰湖下有一座叫"帕达博乌尔"的城市，在这里探险要注意保暖，别冻坏自己。各种各样的竞赛项目是雪之国的特色，不过想赢得这些比赛可不容易……

## 海之国

为马力欧换上休闲的泳裤来海之国的沙滩上晒晒太阳吧！不过得先把那只发疯的巨型鱿鱼怪解决掉才行。

## 料理国

吃货的天堂，料理国！这里充满了五颜六色的美味以及新鲜出炉的热汤。快到山顶享用那里的美味佳肴吧！

## 湖之国

还有比这个水世界更适合洗刷掉噪声干扰的地方吗？探索德莱西山谷下的废墟，赶走霸占这里的布鲁达尔兹。

## 森之国

这个多层结构的国家比看起来大多了。爬到建筑的顶端再从侧面跳下就可以探索这里的黑暗地底世界。

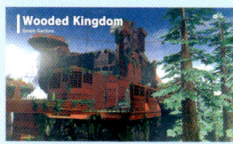

Wooded Kingdom

## 云之国

这个小国里并没有特别多的东西，它主要作为游戏中一个史诗级 boss 战的战场存在，不过这里后期也会有一些值得探索的秘密……

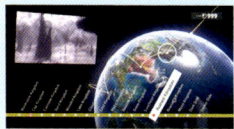

## 被夺之国

奥德赛飞船的碎片掉落到了这个阴暗又暴风不断的国家，一场史诗级的 boss 战也会在这里展开。

Ruined Kingdom

## 酷霸王之国

酷霸王之国是所有国家中视效最惊艳的国家，不仅有日式建筑，而且地图规模也十分可观。

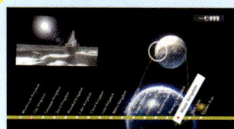

Bowser's Kingdom

## 月之国

马力欧要阻止酷霸王和桃花公主的婚礼，为此他必须登上月球。这里的低重力让跳跃乐趣无穷。

Moon Kingdom

# SUPER MARIO ODYSSEY
### 超级马力欧：奥德赛

# 奥德赛旅行指南

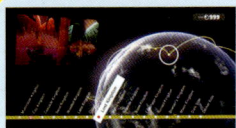

## 遗落之国

欢迎来到这个马力欧风格的丛林中。这里充满了花毛毛和剧毒沼泽，在这里可不能掉以轻心。

Lost Kingdom

## 都市国

探索熙熙攘攘的纽敦市，发掘散落在地图上的各种各样的彩蛋（和月亮）。

## 蘑菇王国

在蘑菇王国的桃花公主城堡中重温过去的美好时光，玩家还能在城堡的屋顶上见到一位老朋友……

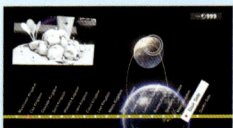

Mushroom Kingdom

## 月之国 后面

这里其实没有名字听上去那么可怕。玩家必须在零死亡的情况下通关……这么说挑战还真不小。

## 月之国 更后面

收集到 500 个月亮就可以解锁这个游戏中最后的关卡，这个场景简直太棒了！在零死亡的情况下通关成为真正的大明星吧！

（上接第 247 页）

▶ 用 20 个紫色硬币在蘑菇王国买到的那个物品才是我们心目中《超级马力欧：奥德赛》的精华。放心，我们不会剧透。这个物品体现了任天堂已经走过的道路，以及对过去的致敬，它也是对所有通关主线剧情的玩家最完美的奖励和对整个系列的致敬。还没上手的读者赶快行动起来吧！

玩家可以在访问的国家里购买纪念品，不过它们确实挺占空间的。

连武士也想不到自己要对抗这个巨兽！

# 超级马力欧3D世界

## 完美的多人模式

» Wii U » 任天堂 » 2013年

我还记得当年看着初代《超级马力欧兄弟》上的"双人模式"这几个字发呆，然后召唤我哥跟我一起探索蘑菇王国的时候，结果让人郁闷的是，哎，我俩得交换手柄轮流玩才能过关。

后来我也在 NDS 上用多人模式通关过《超级马力欧64》，拥有 NDS 的玩家可以联机一起玩（而且好处是只要一个卡带就够了）。不过多年来，我一直想玩上经典的超级马力欧游戏里正儿八经的多人模式。

虽然 NDS 上的《新超级马力欧兄弟》明显也能满足这个愿望，但我觉得多人模式做得最好的还是 Wii U 上的《超级马力欧 3D 世界》。游戏的场景非常适合和朋友一起探索，丰富的角色和强化道具也能让你和你的朋友（或者朋友们，如果你有幸拥有许多朋友）玩上好一阵。我说"好一阵"的意思是没玩到尽兴你们是不会放下游戏的。

这么说来就有些遗憾了，因为好多人都错过了 Wii U，包括我在内，所以我们也就都错过了这个真正好玩又新奇的多人模式。在游戏之夜上和朋友玩《超级马力欧 3D 世界》多人模式的体验不亚于《任天堂明星大乱斗》还有《马力欧卡丁车》。《超级马力欧 3D 世界》最终的销售量是 575 万份，而 Switch 上的《超级马力欧：奥德赛》在我写这篇文章时的销售量是 900 万份。

现在来谈谈我为什么会变成一个游戏移植党，跪求任天堂把前作移植到 Switch 上。我自有合理的理由。我第一次玩《超级马力欧 3D 世界》是在和几个朋友的游戏之夜上，当时我真的特别想给我哥看看我终于找到了我们梦寐以求的多人模式。Wii U 我是真的没有，但我有 Switch 主机和 Joy-Con 手柄，所以老任，考虑考虑帮老弟一把吧。★

# 关于本书

本书由英国未来出版社正版授权。《复古玩家》是英国未来出版社旗下的知名游戏杂志，已有十余年的历史。《复古玩家》致力于深入挖掘游戏的历史，充分探索每一款经典游戏并揭示它的特别之处，同时也乐于探索那些古怪、冷门的游戏。本书由《复古玩家》中关于马力欧的专题佳作汇编而成。

扫码加入马力欧粉丝读书交流会，
参与本书交流、修订，更有超多福利等你拿！
微信扫描二维码关注公众号后，输入 51 页左下角的五位数字，
获得入群帮助。